Collection dirigée par Henri Mitterand
Série "Les écrivains" dirigée par Dominique Rincé

Sartre

- des repères pour situer l'auteur et ses écrits
- une analyse des grandes œuvres sous forme de résumés ou de descriptifs et de commentaires
- des groupements thématiques, des sujets de travaux, une bibliographie

Michel Maillard
Certifié de Lettres Modernes

Sommaire

REPÈRES
- Introduction 3
- La vie de Jean-Paul Sartre 5
- Chronologie 12
- Synthèse générale 16

LES GRANDES ŒUVRES

LE PHILOSOPHE 29

LE ROMANCIER ET LE NOUVELLISTE 41

LE DRAMATURGE 65

L'ESSAYISTE 98

Conclusion 110

ANNEXES
- Groupements thématiques 111
- Anthologie critique 115
- Recherches et exercices 119
- Lexique 125
- Bibliographie 127

© Éditions Nathan 1994, 9 rue Méchain – 75014 Paris
ISBN 2-09-180482-7

Introduction

« Veilleur de nuit présent sur tous les fronts de l'intelligence », ainsi que le définissait Audiberti, Sartre aura su s'imposer à son siècle, sans jamais rester prisonnier de sa légende. Philosophe d'envergure, il n'endossa pas l'habit de l'universitaire brillant qu'il aurait pu ou dû devenir. Romancier magistralement révélé dès la première œuvre, il renonce à l'écriture romanesque dix ans après. Dramaturge, il porte sur la scène le débat philosophique, moral, politique, y conjuguant efficacement âpreté et ironie. Essayiste ou critique, il fait de l'analyse une aventure dialectique, allant jusqu'à inventer ses propres méthodes d'investigation. Journaliste, il est un bretteur redoutable, utilisant *Les Temps Modernes* comme un champ clos et un tribunal permanent, d'où partent autant de provocations, de mises en cause, de duels ou de condamnations.

Toute la vie de Sartre aura été placée sous le signe d'une inlassable activité intellectuelle, d'une rage d'écrire qui pousse l'enfant, puis l'homme, à remplir les pages vierges de ces mots fascinants avec lesquels il règlera – sur un mode ambigu – des comptes jamais apurés.

Le philosophe marxiste qui semble pourtant indifférent à la montée des périls en 1940, se révèlera homme d'action, homme « en situation » enfin accordé à l'existentialisme tel qu'il l'avait défini. Cela lui vaudra bien des inimitiés ou des querelles ; parfois des ruptures douloureuses dont le public ne connaîtra les cicatrices mal refermées que beaucoup plus tard.

Refusant le prix Nobel en 1964, l'impitoyable rhétoricien qui remet en cause le pouvoir de la littérature est aussi le maître à penser d'une génération angoissée qu'il oblige à vivre dans la lucidité et l'action. Intellectuel à stature internationale, il ne cesse de s'engager dans les combats les plus divers, de défendre les causes les plus indéfendables ou les plus désespérées, de prendre la parole, de témoigner, d'être présent, véritable conscience universelle de son temps. À l'instar des philosophes du XVIIIe siècle, Sartre fut une « lumière », écrivain fascinant par la richesse et la diversité d'une œuvre monumentale dont on n'a pas encore parcouru toutes les avenues. Car le « continent Sartre » est comme l'iceberg dont seule une partie émerge.

Dans la masse des portraits, témoignages ou interviews qui nous restent, comme dans l'affolante bibliographie sartrienne, ce qui frappe c'est l'extraordinaire vitalité d'une présence qui dépasse le seul fait littéraire. Moins de quinze ans après sa mort, la figure mythique de Sartre s'impose avec une indéniable force, restant comme il le souhaitait « un appel à vivre », par-delà les clivages et les clichés réducteurs.

La vie de Jean-Paul Sartre

Les années « Poulou » (1905-1914)

Jean-Paul Sartre est né le 21 juin 1905 à Paris. Son père, Jean-Baptiste, enseigne de vaisseau, meurt prématurément des suites de la fièvre asiatique en 1906. Dès lors, l'enfant va rester « seul entre un vieillard et deux femmes ». Car sa mère, Anne-Marie, a trouvé refuge auprès de ses parents à Meudon. Jean-Paul, qu'on surnomme « Poulou », est pris en charge par son grand-père, Charles Schweitzer. Ce dernier appartient à la même famille qu'Albert Schweitzer, le futur prix Nobel de la paix. Charles Schweitzer est un intellectuel : professeur agrégé d'allemand, il initiera son petit-fils au domaine des livres. D'ailleurs, il s'intéresse de près à l'éveil de l'enfant.

De 1906 à 1911 la famille habite Meudon, enfant, mère et grand-mère vivant sous la coupe de ce grand-père autoritaire et comédien. Fils unique, « Poulou » est l'objet de tous les soins. Son intelligence est vive et précoce. Il apprend à lire à quatre ans en déchiffrant *Sans famille*. Après avoir traversé une réelle crise d'angoisse entre cinq et sept ans, il découvre *Madame Bovary* et voue une immense passion aux livres, la lecture compensant sa solitude. « C'est dans les livres que j'ai rencontré l'univers », écrira-t-il dans *Les Mots*.

En 1911, la famille déménage à Paris : le grand-père vient d'y fonder un institut de langues vivantes. L'évolution intellectuelle de Jean-Paul est très cohérente : à sa découverte des livres, succède celle de l'écriture vers 1912-1913. Ce sont les premiers essais, les « cahiers de romans » où il reproduit, en plagiaire zélé et adroit, récits et films d'aventure. Michel Strogoff et Pardaillan sont ses héros préférés. Il entreprend une correspondance suivie en vers avec son grand-père. Il ira même jusqu'à s'attaquer aux *Fables* de La Fontaine, jugées trop peu classiques, pour les récrire en alexandrins !

L'adolescent traumatisé et l'étudiant brillant (1917-1929)

Jusqu'alors le jeune Jean-Paul a été le « bouffon » savant, choyé, admiré. Soudain, tout va changer. L'univers de « Poulou » bascule : sa mère se remarie en avril 1917. Il affirmera plus tard avoir vécu cet événement comme une trahison. Il lui faut quitter Paris et le lycée Henri IV où il est un excellent élève. Il lui faut quitter Paul Nizan, avec qui il vient de lier amitié, pour La Rochelle. Joseph Mancy, son beau-père, un polytechnicien quadragénaire, y occupe le poste de directeur des constructions navales. Mal accueilli par ses nouveaux camarades de classe, l'adolescent découvre la violence. Mais il prend conscience aussi de sa laideur, chose qu'on avait réussi à lui cacher jusque là.

Avec son beau-père, il ne s'entend guère. Trop de choses séparent l'adolescent, aux convictions idéologiques libertaires, de l'homme mûr, au conservatisme étroit. Aussi ne faut-il pas s'étonner que le jeune Jean-Paul se sente « étranger » chez lui.

S'il reste un bon élève, dont les résultats sont très satisfaisants, ses parents prennent cependant la décision de lui faire réintégrer le lycée Henri IV où il entre en Première A (grec et latin) en 1920. Il y retrouve son ami Nizan. Élève brillant, Sartre est également le « Satyre officiel » qu'ont désigné ses camarades pour organiser farces et chahuts en tous genres. Prix d'excellence, présenté au Concours général, il passe la première partie du baccalauréat en 1921. En 1922, il passe la seconde partie et décide avec Nizan d'entrer en hypokhâgne à Louis-le-Grand. Il ne s'intéressera à la philosophie qu'à partir de 1924, alors qu'il est en khâgne. Reçu septième à l'École Normale Supérieure, il se révèle capable d'une grande puissance de travail. Son séjour rue d'Ulm est pour le jeune homme le début de l'indépendance. Il y passera « quatre ans de bonheur ». C'est un étudiant anarchisant qui appartient à un groupe violent et dont les sympathies vont plutôt vers le Parti communiste. Il lit et travaille intensément. Il écrit également, mais relativement peu. Il présente un diplôme d'études supérieures en 1927, mais, à la surprise de tous, il échoue à l'agrégation en 1928. Il prendra sa revanche l'année d'après et fera la connaissance de Simone de Beauvoir, surnommée « le Castor » par ses amis, une jeune étudiante de la Sorbonne avec qui il prépare l'oral. Tous deux sont brillamment reçus : lui, à la première place ; elle, à la seconde. Dorénavant, ils ne se quitteront plus.

Du professeur de philosophie à l'écrivain (1930-1938)

Après avoir posé vainement sa candidature pour un poste de lecteur au Japon, il fait son service militaire au fort de Saint-Cyr, dans la météorologie, puis à Saint-Symphorien, près de Tours. Pendant les dix-huit mois de ce service, il écrit beaucoup. Libéré en février 1931, il est nommé professeur de philosophie au lycée du Havre, où il restera en poste jusqu'en 1933. Simone de Beauvoir, elle, est nommée d'abord à Marseille, puis à Rouen.

À l'automne de 1931, Sartre entreprend un « Factum sur la contingence », première ébauche de *La Nausée*. Il donne aussi des conférences de philosophie et de littérature, premières étapes d'une réflexion théorique et critique. Il découvre Céline (*Voyage au bout de la nuit*) et Dos Passos (*Le 42e Parallèle*), fait la connaissance de Charles Dullin, s'intéresse à la psychanalyse (surtout à Adler).

En 1933, il découvre la phénoménologie, grâce à Raimond Aron, son ancien condisciple à Ulm, qui va lui permettre de passer un an à l'Institut français de Berlin pour y étudier Husserl. Au cœur de la montée du nazisme, Sartre va rester indifférent à l'hitlérisme. Il termine une seconde version de *La Nausée*, écrit *La Transcendance de l'ego*, lit Hemingway, Faulkner, Kafka. En octobre 1934, il retrouve son poste au Havre et fait la connaissance d'Olga Kosakiewicz, une ancienne élève de Simone de Beauvoir. Les éditions Alcan lui ayant commandé un ouvrage sur l'imagination, Sartre s'est mis au travail. Pour étudier sur lui-même les altérations de la perception, il se fait piquer à la mescaline. Cela lui vaudra une longue période d'hallucinations et d'état dépressif.

Son ouvrage publié (*L'Imagination*), il propose le manuscrit de « Melancholia » (*La Nausée*) aux éditions Gallimard qui refusent de le publier. Profondément affecté par cet échec, Sartre ne renonce pourtant pas. Il suit de près les événements en France (victoire du Front populaire) et en Espagne (la guerre civile), il écrit des nouvelles, voyage en Italie et prend un nouveau poste de professeur à Laon en octobre 1936. Enfin, le manuscrit « Melancholia », qu'il a de nouveau présenté, est accepté. La nouvelle « Le Mur » paraît dans la *Nouvelle Revue française* en 1937. *La Nausée* est publiée en 1938. Le roman est salué par une critique flatteuse. L'écrivain Sartre est né.

Conscience historique et premiers engagements (1938-1943)

En poste à Neuilly, Sartre poursuit sa double carrière d'écrivain et de professeur. Il rédige les nouvelles du *Mur* et conçoit le projet d'un roman en deux parties, « Lucifer », ancêtre des *Chemins de la liberté*. En septembre 1938, les accords de Munich et la perspective d'une guerre le laissent désemparé. Il se sent « complètement déchiré » entre les points de vue munichois et anti-munichois. Les événements vont se précipiter. Il est impossible d'échapper à l'Histoire : en septembre 1939, Sartre est mobilisé. C'est alors la période de « la drôle de guerre ». L'écrivain consigne dans des carnets ses observations (*Carnets de la drôle de guerre*), et travaille avec frénésie au roman qu'il a entrepris (*L'Âge de raison*), mais aussi à un grand ouvrage philosophique (*L'Être et le Néant*). Il publie *L'Imaginaire* en 1940, songe à une carrière universitaire. Mais la guerre éclate. Nizan est tué le 10 mai. Sartre est fait prisonnier le 21 juin, sans avoir jamais livré combat.

Il gagne le camp de Trèves où est affecté à l'infirmerie de son stalag. Là, il découvre une fraternité humaine, une solidarité et une chaleur qu'il n'avait pas encore connues. Cette expérience le marquera profondément. Elle lui a fait découvrir une vie collective proche de celle qu'il avait connue à l'École Normale. Conscient de la nécessité d'agir, « pour être dans le coup », il réussit à se faire libérer en 1941 grâce à un faux certificat médical.

Rentré à Paris, il a certes repris sa fonction de professeur (à Neuilly puis à Paris), mais il cherche surtout à agir, en formant un groupe de résistance intellectuelle. Il lui faut déchanter devant les maigres résultats. Il se tourne alors vers le théâtre, qu'il considère comme une forme de résistance, et il commence à écrire *Les Mouches* qu'il achève en 1942. Il entreprend *L'Être et le néant* qu'il publie, ainsi que *Les Mouches*, en 1943. Il rejoint le Comité National des Écrivains et collabore à *Combat* et aux *Lettres françaises*, qui paraissent dans la clandestinité. Il dira plus tard : « Pendant l'occupation, j'étais un écrivain qui résistait et non pas un résistant qui écrivait. »

La célébrité (1943-1946)

Peu à peu le cercle des relations s'agrandit. À la générale des *Mouches*, Sartre fait la connaissance de Camus et se lie d'amitié avec lui. Grâce à Jean Delannoy, la maison Pathé l'engage comme scénariste, ce qui lui permet de vivre très confortablement. Délivré des contraintes financières, il renonce à enseigner et se fait mettre en congé illimité pour se consacrer entièrement à son œuvre. En quelques jours, il a rédigé *Huis clos* dont il pense confier la mise en scène à Camus. Écrivain connu et reconnu par ses pairs, Sartre est en marche vers la gloire. Il ne va pourtant pas l'acquérir avec la création de *Huis clos* en 1944, ni avec la publication de *L'Âge de raison* et du *Sursis* en 1945, mais par l'**existentialisme**.

À son retour des États-Unis, où il est parti avec des journalistes français, il fait de nouveau parler de lui avec la parution du premier numéro des *Temps Modernes*, revue dont il est le fondateur et le directeur. L'existentialisme fait l'objet d'un étonnant engouement et Sartre devient un « monument public ». La conférence mouvementée qu'il donne le 29 octobre fait de lui le chef de file de l'existentialisme. Devenu soudain célèbre, il donne des conférences, voyage, publie en 1946 *L'Existentialisme est un humanisme*, *Morts sans sépulture*, *La Putain respectueuse*, *Réflexions sur la question juive*. Mais cette célébrité, faite de scandale et de haine, est également embarrassante.

Une « grande figure » engagée sur tous les fronts (1946-1973)

L'intellectuel pour Sartre est un homme d'action, un homme de « situation » et d'engagement. *Réflexions sur la question juive* en avait été une première preuve. L'article « Matérialisme et Révolution » accentue encore plus cet engagement en critiquant le matérialisme dialectique. Pour les communistes, Sartre sera un compagnon de route parfois difficile à supporter. L'activité de l'intellectuel déborde le seul cadre de la littérature qui n'est cependant pas abandonnée (*Qu'est-ce que la littérature ?*, *Baudelaire*, *Les Mains sales*). Les volumes de *Situations* correspondront bien à cette volonté d'un engagement multiforme. Mais cet engagement ne va pas sans heurts. Polémiques, controverses, brouilles et ruptures vont se succéder : avec les communistes, avec Aron, avec Koestler, avec Lukacs, avec Mauriac et enfin avec Camus. La situation mondiale (affrontement des deux grands blocs, Est et Ouest, guerre de Corée, guerre d'Algérie, invasion de la Hongrie) n'arrange rien. Elle obligera Sartre à des prises de position nettement tranchées.

En 1949, après la publication de *La Mort dans l'âme*, Sartre renonce au roman et laisse inachevés *Les Chemins de la liberté*. Il se consacre essentiellement à la réflexion philosophique et critique (*Saint Genet, comédien et martyr, Critique de la raison dialectique*), ainsi qu'au théâtre (*Le Diable et le bon Dieu, Kean, Nekrassov, Les Séquestrés d'Altona*), mais il n'oublie pas la politique (*L'Affaire Henri Martin, Les Communistes et la paix*). Malgré l'invasion de la Hongrie qu'il condamne, son engagement marxiste est de plus en plus net : voyages en URSS, en Chine, en Pologne, à Cuba. Lors de la guerre d'Algérie, il soutient le FLN. Cela lui vaut d'être visé directement par deux attentats en 1961 et 1962.

Les Mots (1964) semblent presque une pause au milieu de cette activité frénétique et inlassable. La même année, il fait sensation en refusant le prix Nobel. Après avoir fait partie du tribunal Russel qui enquête sur les crimes de guerre commis au Viêt-nam, il soutient la révolte des étudiants en mai 1968 et condamne l'intervention soviétique en Tchécoslovaquie. Son engagement se transforme en militantisme lorsqu'il devient directeur du journal *La cause du peuple* qu'il ira jusqu'à vendre dans la rue. Il se met « au service des masses », parle directement aux ouvriers de Renault, prend la direction du journal *Libération* en 1973.

Le déclin et la mort (1973-1980)

Celui qui a réussi à mener de front autant d'activités sans renoncer à aucune (publication des trois volumes de *L'Idiot de la famille* en 1971 et 1972, de *Situations VIII* et *IX*, d'*Un Théâtre de situations*) va devoir ralentir son rythme de vie. Sa santé l'oblige à renoncer à certains projets. Frappé d'une demi-cécité, il ne peut plus lire ni écrire. Il abandonne *L'Idiot de la famille* et se manifeste essentiellement par les interviews qu'il accorde ou les entretiens avec son secrétaire, Pierre Victor. La situation des écrivains dissidents des pays de l'Est mobilise son attention, ainsi que la situation en Mauritanie. Surtout, il essaie de contribuer au rapprochement entre Isaraéliens et Palestiniens. Mais, de plus en plus fatigué, il réduit encore son activité. En mars 1980 paraît le texte d'un dialogue entre Sartre et Benny Lévy (alias Pierre Victor), « L'Espoir maintenant ». Atteint d'un œdème pulmonaire, il entre à l'hôpital le 20 mars et y meurt le 15 avril. 50 000 personnes assisteront à son enterrement.

VIE ET ŒUVRE DE SARTRE	ÉVÉNEMENTS POLITIQUES, SOCIAUX ET CULTURELS
1905 Le 21 juin : naissance de Jean-Paul Sartre à Paris.	**1905** Séparation de l'Église et de l'État.
1906 Mort de son père.	
	1914 Assassinat de Jaurès. Bataille de la Marne.
1916 Remariage de sa mère.	
1917 Au lycée de La Rochelle.	**1917** Révolution Russe (Octobre).
	1918 Fin de la guerre.
1924 → **1928** École Normale Supérieure (Ulm).	**1924** Manifeste du surréalisme.
	1926 Mauriac, *Thérèse Desqueyroux*.
1928 Échec à l'agrégation.	
1929 Rencontre Simone de Beauvoir en préparant l'oral de l'agrégation. Il est reçu premier ; elle deuxième.	**1929** Crise économique. Claudel, *Le Soulier de satin*.
1930 → **1931** Service militaire.	**1930** Malraux, *La Voie royale*.
1931 Professeur au Havre. Commence un « Factum sur la contingence », première version de *La Nausée*.	**1931** Création de la République espagnole. Nizan, *Aden Arabie*.
	1932 Céline, *Voyage au bout de la nuit*.
1933 → **1934** Découvre la phénoménologie. Boursier à l'Institut français de Berlin. Deuxième version de *La Nausée*.	**1933** Hitler accède au pouvoir. Malraux, *La Condition humaine*.
1934 → **1936** Professeur au Havre.	**1934** Découverte de la radioactivité artificielle.
	1935 Malraux, *Le Temps du mépris*.
1936 *L'Imagination*. Professeur à Laon.	**1936** Front populaire. Guerre civile en Espagne.
1937 *La Transcendance de l'ego*. Professeur à Neuilly.	**1937** Picasso, *Guernica*. Malraux, *L'Espoir*.

VIE ET ŒUVRE DE SARTRE	ÉVÉNEMENTS POLITIQUES, SOCIAUX ET CULTURELS
1938 *La Nausée*.	**1938** Cocteau, *La Voix humaine*.
1939 *Le Mur*. Mobilisé le 2 septembre.	**1939** Déclaration de guerre.
1940 *L'Imaginaire*. Prisonnier à Trèves. Décembre: *Bariona* écrit et joué au camp.	**1940** Paris est occupé. Appel de De Gaulle le 18 juin.
1941 Se fait libérer. Rentre à Paris. Professeur à Neuilly. Amitié avec Giacometti.	**1941** Attaque de Pearl Harbour.
1943 *L'Être et le Néant*. *Les Mouches*. Rencontre Camus. Écrit des scénarios (*Les Jeux sont faits*).	**1943** Bataille de Stalingrad.
1944 Rencontre Jean Genet. Création de *Huis clos*.	**1944** Débarquement en Normandie. Paris est libéré le 25 août.
1945 Publication de *Huis clos*. *Les Chemins de la liberté*: 1. *L'Âge de raison* 2. *Le Sursis*. Voyage aux États-Unis. Premier numéro des *Temps Modernes*.	**1945** Capitulation allemande. Mort d'Hitler. Bombes à Hiroshima et Nagasaki. Conférence de Yalta.
1946 *L'Existentialisme est un humanisme*. Devient célèbre. Création de *Morts sans sépulture* et de *La Putain respectueuse*. *Réflexions sur la question juive*. Première brouille avec Camus.	**1946** Démission de De Gaulle. La IVᵉ République est fondée. Guerre d'Indochine.
1947 *Situation I*. *Baudelaire*. Émission de radio: «La Tribune des Temps modernes». Rupture avec Aron.	**1947** Gide: prix Nobel. Camus, *La Peste*. Vian, *L'Écume des jours*. Genet, *Les Bonnes*.
1948 *Situations II*. *L'Engrenage*.	**1948** Assassinat de Ghandi. Création d'Israël. Coup d'État de Prague.
1949 *Situations III*. *Les Chemins de la liberté*: 3. *La Mort dans l'âme*.	**1949** La Chine devient une république communiste.

REPÈRES

REPÈRES

VIE ET ŒUVRE DE SARTRE	ÉVÉNEMENTS POLITIQUES, SOCIAUX ET CULTURELS
1951 *Le Diable et le bon Dieu.*	
1952 *Saint Genet, comédien et martyr.* Se rapproche des communistes. Rupture avec Camus. Intense activité politique jusqu'en 1956.	**1952** Beckett, *En attendant Godot*. Ionesco, *Les Chaises*. Mauriac : prix Nobel.
1954 *Kean* (adaptation). Voyage en URSS.	**1954** Dien-Bien-Phû. Sagan, *Bonjour tristesse*. Beauvoir, *Les Mandarins*.
1955 Séjour en Chine. Création de *Nekrassov*.	**1955** Guerre d'Algérie. Indépendance du Maroc.
1956 Publication de *Nekrassov*. Prend position contre la guerre d'Algérie. Condamne la répression soviétique en Hongrie.	**1956** Crises en Pologne et en Hongrie. Opération militaire à Suez. Camus, *La Chute*.
1957 *Question de méthode.*	**1957** Butor, *La Modification*. Beckett, *Fin de partie*.
	1958 Insurrection à Alger. De Gaulle au pouvoir.
1959 *Les Séquestrés d'Altona.*	**1959** Castro au pouvoir à Cuba.
1960 *Critique de la raison dialectique*, tome I. Voyages à Cuba, en Yougoslavie et au Brésil.	**1960** Élection de Kennedy. Mort de Camus. Beauvoir, *La Force de l'âge*.
1964 *Situations IV, V, VI* *Les Mots*. Refuse le prix Nobel.	
1965 *Situations VII.*	**1965** Affaire Ben Barka.
1966 Fait partie du « tribunal Russel ». Voyage en URSS, en Grèce, au Japon.	**1966** Révolution culturelle en Chine. Genet, *Les Paravents*.
1967 Séjour en Égypte et en Israël.	**1967** Putsch militaire en Grèce. Guerre des Six Jours.
1968 Soutient le mouvement étudiant. Condamne la répression soviétique en Tchécoslovaquie.	**1968** Printemps de Prague et répression. Assassinat de Martin Luther King.

VIE ET ŒUVRE DE SARTRE	ÉVÉNEMENTS POLITIQUES, SOCIAUX ET CULTURELS
1969 Mort de sa mère.	**1969** Démission de De Gaulle.
1970 Dirige *La Cause du peuple*.	**1970** Mort de De Gaulle.
1971 *L'Idiot de la famille*, tomes I et II.	
1972 *L'Idiot de la famille*, tome III. *Situations VIII* et *IX*.	**1972** Nixon réélu Président.
1973 *Un Théâtre de situations*. Dirige *Libération*. Est atteint de demi-cécité.	**1973** Pinochet au pouvoir au Chili.
1974 *On a raison de se révolter*. Renonce à poursuivre son travail sur Flaubert.	**1974** Mort de Pompidou. Valéry Giscard d'Estaing Président. Scandale du Watergate.
1976 *Situations X*. *Sartre par lui-même* (film).	**1976** Mort de Mao Tsé-Toung.
1980 Meurt des suites d'un œdème pulmonaire le 15 avril.	**1980** Intervention soviétique en Afghanistan.
1983 *Carnets de la drôle de guerre*. *Cahiers pour une morale*.	
1984 *Lettres au castor et à quelques autres*. *Le scénario Freud*.	
1985 *Critique de la raison dialectique*, tome II.	

Synthèse générale

LA LITTÉRATURE ÉPUISÉE

L'abondance est une vertu

« J'ai toujours considéré l'abondance comme une vertu » écrivait Sartre à Simone de Beauvoir en 1940. Son œuvre, mais aussi sa vie, semblent le prouver. Abondance d'un écrivain dont la production tient du défi, abondance et générosité de l'homme qui est à lui seul un microcosme, un univers et un système, abondance de la pensée et de l'action ouvertes sur des horizons jamais refermés. Bien des œuvres le prouveront.

S'agit-il de philosophie ? Sartre ne se contente pas d'un volumineux essai qui suffirait à la réputation définitive d'un philosophe. À *L'Être et le Néant* succède *Critique de la raison dialectique*. Et que dire de tous ces brouillons, de ces gigantesques ébauches qui peuvent atteindre quatre cents pages et dont on n'utilisera qu'une infime partie ? Demande-t-on une préface aux œuvres de Jean Genet ? Il sort de ce projet les 700 pages de *Saint Genet, comédien et martyr*. Sartre a-t-il publié un premier roman d'une longueur raisonnable ? *La Nausée* va être bientôt suivie d'une impressionnante somme romanesque, *Les Chemins de la liberté*. Encore restera-t-elle inachevée. Heureusement ! seront tentés de dire certains. Abondance encore avec l'ouvrage consacré à Flaubert, à ces 2000 pages de *L'Idiot de la famille*, qui sera abandonné par la force des choses.

Comment Sartre, écrivain de l'abondance, d'une abondance épique, sinon hypertrophique, pourrait-il comprendre Mauriac ? Tout les oppose, à commencer par cette démesure. *Situations* se compose de dix volumes. Quant au théâtre, il propose d'autres exemples significatifs, tels *Le Diable et le bon Dieu*, *Les Séquestrés d'Altona*, *Nekrassov*. Non, Sartre ne sait pas « écrire court ». Et pourtant, il s'avérera capable d'un tour de force : condenser *L'Être et le Néant* en une conférence. Cela donnera *L'Existentialisme est un humanisme* au prodigieux succès.

Faut-il donc considérer, à la suite de Sartre, que la longueur et l'abondance sont une vertu ? Sans doute permettent-elles à l'écrivain de happer l'extraordinaire richesse de la pensée. Simone de Beauvoir témoignera de cette fertilité de l'écrivain travaillant sur *Critique de la raison dialectique*, le définissant comme « happé par des idées que sa plume, même au galop, n'arrivait pas à rattraper ». De ce point de vue, Sartre reste unique par cette fameuse écriture de la spirale où il cherche à tout capter, à tout retenir.

L'expérience des limites

Avec Sartre, il n'existe pas de limites, pas de frontières. La philosophie, le roman, le théâtre, l'essai, le cinéma... sont à conquérir. Mais ils ne sont jamais des espaces clos, même s'ils peuvent se définir en tant que genres soumis à des lois plus ou moins contraignantes. Mieux, ils n'ont pas de cloisons étanches. Il faut pouvoir passer d'un genre à un autre, d'une écriture à une autre, d'un système à son contraire. Certaines œuvres sont d'ailleurs inclassables.

Sartre va révéler une remarquable aptitude à assimiler et à dépasser ce qu'il aborde. Aussi ne faut-il pas se laisser prendre au piège qui consisterait à l'enfermer dans telle catégorie, genre ou espèce. Car le penseur est mobile. On pourrait croire que telle œuvre appelle telle forme ou tel ton. Mais Sartre n'est pas un classique. C'est un baroque. Lorsqu'il s'attaque au roman, il en fait un carrefour métaphysique et parodique de plusieurs influences. Lorsqu'il aborde le théâtre, il livre avec *Les Mouches* une « tragédie inversée » ; avec *Nekrassov*, il ose un vaudeville engagé. L'essai critique ou philosophique subira le même sort. Il révèlera le refus de se plier à une contrainte qui aliénerait la pensée.

Dès les nouvelles du *Mur*, Sartre montre que pour lui aucun sujet n'est tabou, surtout pas dans une France encore très conformiste. Bientôt *Huis clos*, *L'Âge de raison*, *Le Sursis*, *La Putain respectueuse* secoueront le joug d'une morale hypocrite et étriquée. Romans et pièces de théâtre proposent une galerie de personnages qui pratiquent l'homosexualité, l'avortement, l'adultère, le crime, l'inceste, l'infanticide, la torture, la lâcheté... Sartre met le feu aux conventions et repousse les limites habituelles. L'œuvre peut et doit tout dire au nom de la vérité. Aussi ne faut-il pas s'étonner de la multiplicité des formes et des parcours de cette conquête. Elle pourra passer par la contingence d'une crise existentielle (*La Nausée*), ou se heurter aux impasses de la mauvaise foi (« *Le Mur* »). Elle pourra éprouver la difficulté ou l'impossibilité d'accéder à la liberté (*Les Mouches, Morts sans sépulture, La Putain respectueuse, Les Mains sales*). Elle pourra imposer l'aliénation (*Les Séquestrés d'Altona*), le refus du Bien et du Mal (*Le Diable et le bon Dieu*), l'analyse du « moi » de Baudelaire, de Genet, de Flaubert ou de Sartre lui-même (*Baudelaire, Saint Genet, comédien et martyr, L'Idiot de la famille, Les Mots*). On comprendra aisément que Pierre de Boisdeffre, dès 1958, ait qualifié Sartre de « pyrotechnicien des idées ».

Inachèvement, abandon, échec

Fait remarquable, Sartre, écrivain de l'abondance, est aussi celui de l'inachèvement, voire de l'abandon. *Les Chemins de la liberté* resteront inachevés, ainsi que *L'Idiot de la famille*. Le livre de morale annoncé à la fin de *L'Être et le Néant* ne paraîtra jamais. Sartre ne produira qu'un seul recueil de nouvelles. Il finira par abandonner l'écriture romanesque après *La Mort dans l'âme*. On verra plus loin, avec l'analyse des œuvres, combien certains abandons peuvent se justifier. On rappellera ici que la notion de « projet » est inscrite au cœur même de la démarche existentialiste. Ainsi telle œuvre est « en situation » à un moment donné. Cela suffit à expliquer, au moins sommairement, ce caractère de **fuite en avant**.

Sartre a rappelé lui-même que toute vie humaine était nécessairement un échec. « Je garde l'idée que la vie d'un homme se manifeste comme un échec ; ce qu'il a tenté, il ne le réussit pas », affirme-t-il dans un entretien publié peu avant sa mort. Cette dimension est fondamentale. On la retrouve maintes fois dans les romans ou les nouvelles, mais aussi dans le théâtre et dans les essais. On se souviendra des personnages de *La Nausée* (Roquentin, « Érostrate »), de Mathieu (*Les Chemins de la liberté*), du trio de *Huis clos*, d'Électre (*Les Mouches*), des maquisards de *Morts sans sépulture*, d'Hugo (*Les Mains sales*) de Frantz et de Johanna (*Les Séquestrés d'Altona*). On évoquera également Baudelaire, Genet, Flaubert, biographies d'échecs voulus et consommés. Quand elle ne se termine pas sur un échec, l'œuvre sartrienne laisse planer un doute. Ainsi Oreste, conquérant solitaire, quitte Argos pour un destin incertain ; il en est de même pour Goetz, solitaire parmi les hommes, qui se met à la tête des paysans. Et que penser de la fin des *Mots*, autobiographie tronquée qui s'achève sur le destin « inachevé » de Poulou à onze ans ?

POUR RIEN OU CONTRE TOUT ?

Le refus de l'idéalisme et de l'humanisme

L'œuvre de Sartre est un constant refus de l'idéalisme qui prétend sauver l'homme en lui faisant croire à la supériorité de certaines valeurs. Des valeurs telles que l'honneur, l'amour, l'héroïsme, l'humanisme sont dénoncées. *La Nausée* en est une première illustration avec la caricature impitoyable de l'Autodidacte, pauvre humaniste transformé en lamentable pédéraste. Roquentin ne pourra retenir Anny, qu'il aime, parce qu'il est incapable de poser l'amour en valeur transcendantale. Dans *Le Diable et le bon Dieu*, Gœtz, qui se révèle capable de mentir ou de trahir, ignore toute morale. Il passe du Bien au Mal et livre celle qui l'aime – et à laquelle il est pourtant attaché – à ses hommes. Elle en mourra. Quant à Fred, le fils du sénateur Clarke, il revient vers Lizzie, la prostituée, en avouant une dépendance sexuelle et non son amour (*La Putain respectueuse*). Comble de dérision des valeurs morales : c'est la putain qui est « respectueuse » ! Olga aura des cheveux blancs à cause d'Hugo, mais obéira d'abord à son parti (*Les Mains sales*). Ce n'est pas l'héroïsme qui est le fondement de la résistance des maquisards torturés de *Morts sans sépulture* mais l'opposition entre deux volontés obnubilées, aussi inhumaines l'une que l'autre. Les républicains espagnols du « Mur » qui attendent la mort suent d'angoisse dans la perspective hallucinée du peloton d'exécution auquel Pablo finira par échapper. *Huis clos* montrera, de manière exemplaire, ce refus des idéalismes et de l'humanisme. Homosexualité, pédérastie, inceste, lâcheté, mensonge, antisémitisme, perversité... sont les principaux maillons de cette mise à mort des valeurs où l'homme pourrait se révéler supérieur. Pour Sartre, les personnages sont dépassés par l'histoire ou par leur propre passé, comme dans *Les Chemins de la liberté* ou *Les Mains sales*. Tout homme en vaut un autre comme le rappelle la fin des *Mots*. Le héros sartrien n'a d'autre existence que celle de ses actes.

Un parti pris de prosaïsme

On ne peut donc s'étonner de ce que l'univers sartrien soit essentiellement celui d'un quotidien prosaïque, quand il n'est pas trivial. Il y a là une volonté délibérée de montrer des êtres prisonniers d'habitudes dans un monde où les objets occupent une place importante. *La Nausée* et les nouvelles du *Mur* sont les premières œuvres à rendre compte d'un univers prosaïque. Beaucoup des personnages de Sartre ont des visées terre à terre, à commencer par Roquentin. Ils sont proches du réel auquel ils s'enracinent. Le monde existe d'abord dans l'épaisseur de sa perception. C'est là le propre d'une approche phénoménologique*. On songe à la racine de marronnier, support d'une méditation métaphysique, dans *La Nausée*, aux draps troués où se promènent les doigts de pied sensuels de Lulu, dans la nouvelle intitulée « Intimité ». On rappellera la sueur des condamnés du « Mur », précédemment évoquée, et la présence d'un médecin qui note leurs réactions physiologiques.

Mais le prosaïsme confine parfois à la trivialité lorsque la conclusion de telle nouvelle (« Érostrate ») a pour cadre des toilettes ! Chambres d'hôtel, cafés, restaurants, abondent dans l'œuvre de Sartre parce qu'ils sont les lieux d'un morne quotidien, parce qu'ils mettent à mort tout romanesque. La bibliothèque ou le musée de Bouville sont des lieux où ne souffle aucun esprit. Il y règne plutôt médiocrité et art pompier. *L'Âge de raison* s'ouvre sur la perspective d'un avortement. La réflexion philosophique elle-même – on en fera parfois le reproche à Sartre – passe par des références concrètes et banales, tel le célébrissime exemple du garçon de café dans *L'Être et le Néant*.

Autre dimension de ce prosaïsme, l'évocation d'une sexualité qui ne peut tenir lieu d'amour et ne permet pas l'épanouissement de l'être. Si Roquentin entretient avec la patronne d'une brasserie une liaison d'habitude, à mi-chemin entre commodité et hygiène sexuelle, que dire de toutes ces autres représentations où semblent abonder perversion, marginalité, immoralité, trivialité ? Sartre fera de son lecteur le voyeur de scènes troubles où la sexualité prive les personnages de toute grandeur, les aliène même souvent. Romans, nouvelles, pièces de théâtre semblent prendre un malin plaisir à livrer en pâture à leurs lecteurs des personnages empêtrés dans leurs habitudes, leur impuissance ou leur médiocrité.

Pour le phénoménologue, le réel ne peut être évacué. La vie du corps et la vie des objets sont indissolublement liées. Chez Sartre, l'existence se manifeste ainsi jusqu'à l'absurde.

Sans foi ni loi

L'existentialisme sartrien repose sur l'athéisme. « Dieu est mort », proclame Goetz (*Le Diable et le bon Dieu*). Mais cet athéisme se conjugue avec le parti pris de prosaïsme et la visée phénoménologique. « J'ai pincé le Saint-Esprit dans les caves et je l'en ai expulsé », peut-on lire dans *Les Mots*. La démarche sartrienne constate le réel, sa contingence et son absurdité. Tel est le sens des approches que permettent ou qu'imposent les différentes œuvres.

À cette constatation de l'absurde, si présent dans *La Nausée*, se joint une sorte de volonté anarchisante. On doit, en effet, se souvenir qu'au début de leur carrière et de leur parcours intellectuel Sartre et Simone de Beauvoir se sont d'abord définis « pour rien ». Ils étaient alors de fervents admirateurs du *Voyage au bout de la nuit*. On l'a dit précédemment, bien des œuvres de Sartre règlent des comptes avec le moralisme laïc ou religieux, avec des valeurs conventionnelles, avec l'humanisme tourné en dérision.

Le terrain privilégié du refus et du défi, ce sera cette bourgeoisie dont l'écrivain est issu, où il situera tant de fois intrigues et personnages. *Le Mur* est un recueil provoquant. On a souvent appliqué à ses nouvelles le qualificatif « sale ». Pour Sartre, il s'agit de secouer le joug des valeurs bourgeoises, d'être « l'outlaw », le hors-la-loi, celui qui défie en affirmant le primat de la liberté. Les meilleures créations sartriennes auront pour nom Oreste, Goetz, Hugo, Kean. Mais Sartre se penchera aussi sur Baudelaire et surtout sur Flaubert, cousins littéraires, doubles bourgeois qui n'ont pas réussi à consommer la rupture. Genet fascinera Sartre par son côté « hors-la-loi », négation radicale et violente de cette bourgeoisie détestée.

Sartre est donc bien un écrivain sans foi, ni loi. Mais est-ce aussi sûr ? Car il serait dangereux de ne voir ses personnages que sous l'angle d'un quelconque anarchisme ou nihilisme. Hoederer, le révolutionnaire aux mains sales, se retrousse les manches et les plonge dans une matière qui n'a rien de noble, jusqu'à la compromission. Il est pourtant un homme dans toute son épaisseur, allant jusqu'à mourir « bêtement » parce qu'il a essayé de sauver celui qui avait pour mission de l'assassiner. Goetz rejoindra les hommes après son exil volontaire. Et si le personnage de Frantz est saisissant, c'est par excès d'humanité. Chez Sartre, l'inhumain côtoie souvent l'humain. À preuve : bourreaux et torturés sont indissociables. Ainsi l'humanisme sartrien existe, non en tant que concept ou idéal, mais en tant que réalité vécue, chaleur, bassesses, grandeur et misère mêlées. Sartre est fidèle au « Je parie sur l'homme, pas sur Dieu ».

LA DUALITÉ, FONDEMENT DE L'ŒUVRE

La dualité est une donnée essentielle de l'œuvre de Sartre. C'est en effet elle qui lui donne son dynamisme par la mise en présence presque constante des couples de contraires. On ira même jusqu'à affirmer que pour Sartre la démarche dialectique s'impose. On se contentera ici d'en souligner quelques aspects et quelques axes, nécessairement insuffisants, sans recourir à des visées purement philosophiques.

L'individu sartrien est souvent paradoxal et contradictoire. À preuve, son exercice d'une « liberté aliénée ». Frantz en sera l'exemple le plus frappant avec la mort qu'il convoque comme issue à sa séquestration volontaire. La plupart des personnages de Sartre sont paradoxaux ou constitués d'éléments contradictoires. À commencer par les personnages les plus saisissants, bien sûr. On songe en particulier aux personnages du théâtre sartrien dont la dynamique dramatique repose sur une véritable dualité, parfois sur un dilemme (Hugo, Goetz, Oreste). La situation la plus remarquable de cette dialectique dramatique est sans aucun doute celle de *Huis clos* où le couple ne peut se constituer. La réunion de trois éléments y est un facteur de déséquilibre et non un facteur d'entente. Dernier élément de la dualité de l'individu, la problématique que suppose la relation complexe entre l'être individuel et l'être collectif, entre l'histoire personnelle et l'Histoire des hommes.

L'investigation de la méthode « régressive-progressive » est une autre donnée de la dualité sartrienne. Par la plongée biographique dans le passé d'un être, l'analyste découvre l'unité d'une vie constituée autour d'un **projet**. Ainsi la vie est à la fois contingente (puisque soumise à l'aléatoire), absurde (car sans justification), et cohérente (par les choix opérés en fonction des situations). On ne pourra s'empêcher de remarquer ici une remarquable contradiction. Le philosophe qui inscrivait la liberté au cœur de la pensée existentialiste présente un être prédestiné, aliéné à des structures. Il précisera que cette prédestination, qui permet cependant certains choix, illustre la « liberté aliénée » définie dans *Critique de la raison dialectique*.

L'écriture elle-même obéit à une dialectique par sa nature esthétique et la fonction que lui assigne Sartre. En effet, acte d'engagement de l'écrivain situé dans son époque, l'écriture est également un choix esthétique. Même en usant d'un style qui serve cet engagement, l'écriture ne peut et ne doit pas oublier sa nature littéraire. Sartre, dans l'article « Présentation des *Temps Modernes* » avait pris ses précautions : « Dans la littérature engagée, l'engagement ne doit, en aucun cas, faire oublier la littérature. » Aussi l'écriture sartrienne n'oubliera-t-elle pas le style. La pleine réussite de *La Nausée*, de *Huis clos*, du *Diable et le bon Dieu*, la maestria du *Saint Genet, comédien et martyr* ou de *L'Idiot de la famille*, les recherches techniques, l'ambiguïté même des *Mots*, prouvent à quel point la dialectique d'une écriture qui est à la fois rétrospective et prospective, conquête et appropriation, confère à l'œuvre un indéniable dynamisme. À la question « l'écriture est-elle moyen ou fin ? » Sartre répondra : « le seul intérêt qu'il y ait pour un écrivain, c'est le moment où ce moyen est lui-même traité comme fin. »

Pour Sartre, l'écriture est une névrose. Mais elle est aussi une aventure, un jeu de « construction-déconstruction » permanent, caractéristique essentielle de l'écrivain. Il n'y a donc pas d'écriture sartrienne au sens figé du terme, ne serait-ce que par la multiplicité des langues qu'il avoue lui-même utiliser. La dialectique de l'écriture est ce qui lui donne sa vitalité et sa fécondité.

IDENTITÉS SARTRIENNES : L'ENFANT, LE BOUFFON ET LE COMÉDIEN, LE BATARD ET LE TRAÎTRE

L'enfance, entre quête et conquête

Pour Sartre, l'enfance est la clé de voûte d'une personnalité. Il puisera dans celle de Baudelaire, de Genet, de Flaubert et dans la sienne. Pour cette quête de l'enfance perdue et retrouvée, il inventera la méthode « régressive-progressive ». Le « Il n'a pas eu la vie qu'il méritait » est récusé par l'analyste dès le début de *Baudelaire*. L'entreprise sartrienne va consister à recomposer une identité à partir des éléments d'une vie. Ainsi l'enfance, lieu originel, lieu des illusions et des désillusions, des fractures fondamentales, va déterminer l'être à venir. Par elle, Sartre montrera qu'une vie et une œuvre naissent d'un choix, d'un projet. Le destin vécu et subi est en fait un destin choisi. Enquêter sur l'enfance, c'est conquérir la connaissance la plus totalisante de l'être. Préférentiellement, Sartre mène l'enquête auprès d'écrivains, y compris lui-même, afin de favoriser la cohérence de son analyse. Cette enquête peut atteindre des proportions extraordinaires (*L'Idiot de la famille*). À l'inverse, la démonstration peut passer par une simple nouvelle, pourtant tout aussi démonstrative. « L'enfance d'un chef » montre ainsi comment l'enfance choyée de Lucien Fleurier mène à un inquiétant adulte, véritable prototype du « salaud ».

Le bouffon et le comédien

Le bouffon se rencontre au moins trois fois dans l'œuvre de Sartre. Il peut être un enfant. C'est la figure de « Poulou », l'enfant insincère qui joue son rôle de singe savant auprès des siens et que dénonce l'écrivain dans *Les Mots*. Ce que dénonce Sartre, ce n'est pas tant la comédie que le mensonge qui fausse les valeurs et n'est jamais qu'un apprentissage de la mauvaise foi. Il peut être un adulte et se distingue par le ridicule volontaire ou non de son jeu. Tel est le cas de l'Autodidacte dans *La Nausée*, caricature exemplaire du bouffon qui a décidé d'accéder au savoir universel, en lisant tous les ouvrages de la bibliothèque dans l'ordre alphabétique ! Tel est le cas enfin de Goetz, le « bouffon de Dieu », dans le *Diable et le bon Dieu*. Étrange bouffon que celui-ci, volontairement bouffon de lui-même, comédien consommé qui n'arrive à prendre aucun rôle au sérieux. Mais à ces trois exemples, comment ne pas annexer celui d'Anny dans *La Nausée*, l'ancienne maîtresse de Roquentin, personnage de théâtre qui ne croit plus à ces fameux « moments parfaits » ?

Le comédien par excellence, c'est Kean auquel Sartre va s'intéresser de très près, parce qu'il pose le problème de l'identité, vécue à travers **l'altérité***. Les figures de comédiens abondent dans l'œuvre de Sartre, à commencer par les rôles dramatiques : Égisthe, Jupiter, le sénateur Clarke, Jessica, Goetz, Valera, Frantz, Johanna et bien sûr le trio Garcin-Inès-Estelle de *Huis clos*. Mais on n'omettra pas non plus romans et nouvelles qui proposent d'autres situations, d'autres rôles, d'autres interrogations. Qu'on songe au personnage d'« Érostrate », à Lulu, à Rirette, à Ève, à Mathieu et Marcelle, à Ivitch, Lola, Boris. Pour un philosophe comme Sartre, le comédien est un remarquable sujet d'étude : il met en scène la mauvaise foi, révèle le monde des « salauds », fait surgir la vérité ou la provoque, remet en cause la morale conventionnelle, repousse les limites de l'individu, impose ou propose un modèle exemplaire et cathartique des opposés complémentaires que sont l'aliénation et la libération. L'individu est le siège d'une problématique individuelle aussi bien que d'une problématique collective par le biais du regard. Par lui, la réalité jouée est aussi réelle ou aussi absurde que la vie. Elle en est un double privilégié.

Le bâtard et le traître

Lorsque Sartre s'intéresse à Jean Genet, il trouve là le modèle rêvé du bâtard, son expression la plus parfaite. Lui-même, orphelin de père, se veut bâtard par le fait même qu'il a trahi son milieu d'origine. On retrouve plusieurs fois ce motif du bâtard ou du traître dans l'œuvre. Certaines figures s'imposent lorsque Sartre use d'une approche plus nettement marquée par le marxisme. Le bâtard sartrien sera au moins celui qui a rompu avec son milieu d'origine (tel Hugo). Mais il pourra être le fils naturel (Goetz) ou l'orphelin (à commencer par Sartre lui-même qui s'acharnera à donner à sa mère l'identité d'une grande sœur). Il pourra également agir contre une volonté paternelle, tel Frantz dans *Les Séquestrés d'Altona*. Pour Sartre, le bâtard, c'est moins l'enfant trouvé que l'enfant révolté.

Ainsi bâtard et traître sont-ils souvent associés, tels Goetz et Heinrich dans *Le Diable et le bon Dieu*.

À ce motif se joint celui de la rupture de classe ou de la mise au ban d'une société. Le dilemme de Hugo, bourgeois devenu révolutionnaire, est celui de l'intellectuel appelé à choisir entre deux trahisons : à l'égard de son parti ou à l'égard de celui qui lui a fait confiance. La prostituée Lizzie (*La Putain respectueuse*) est le produit bâtard d'une société qui l'oblige à trahir la vérité et à accuser un innocent noir, au sein d'une situation elle-même bâtarde (le racisme d'une société minoritaire et immorale). Pour le traître ou le bâtard, la question sera de savoir s'il est « récupérable » ou non. Parfois, il ne trouvera l'issue que dans la mort ou dans l'écriture dont Genet dira qu'elle est « le dernier recours quand on a trahi ».

SARTRE ET CAMUS

Rivalité et identité

Comparer Sartre et Camus apparaît souvent comme la tentative d'établir un impossible parallèle entre des frères ennemis. Robert Gallimard dira qu'il s'est agi « d'une histoire d'amour manquée ». Au-delà de ce qui pouvait les séparer, à savoir la différence d'âge (Sartre avait huit ans de plus que Camus), l'origine sociale, la formation intellectuelle, la personnalité, l'engagement politique, il y a aussi l'ambition et la rivalité littéraire qu'on oublie peut-être trop souvent. Tous deux ont occupé le devant de la scène littéraire en pratiquant parfois les mêmes genres. De loin, on pouvait même croire à une identité de parcours : philosophes de l'absurde, romanciers, nouvellistes, dramaturges et essayistes. On est en effet frappé par les points communs qu'offrent leurs œuvres.

Remarquons d'abord la volonté de donner une cohérence, d'utiliser le plus possible de formes littéraires afin qu'elles soient agissantes et non points de simples motifs décoratifs. Initialement, tous deux conçoivent un roman métaphysique fondé sur la prise de conscience de l'absurdité (*La Nausée* puis *L'Étranger*). Tous deux usent du théâtre comme d'un lieu privilégié. Certaines pièces offrent des échos troublants (le trio de *Huis clos* et celui du *Malentendu*, l'engagement politique dans *Les Justes* et dans *Les Mains sales*). mais les chemins s'écartent bientôt.

La fraternité de *La Peste* n'est pas celle des *Chemins de la liberté*. En fait, il y a rivalité. Elle deviendra règlement de comptes avec la querelle autour de *L'Homme révolté*. Le philosophe professionnel qu'est Sartre se montrera superbement cruel en traitant Camus d'amateur incompétent. Pas moins. La rupture est consommée ; tout est dit. Camus en marquera les bornes définitives sur le mode sarcastique du soliloque dans *La Chute*, œuvre anti-sartrienne de la mauvaise conscience et de l'engagement solitaire.

Camus avait consacré un long article à *La Nausée* dès sa parution et Sartre avait salué les mérites de *L'Étranger* dans une « explication » pénétrante. Bientôt pourtant, chacun prend ses distances, met les choses au point, comme si l'un craignait d'être assimilé par l'autre. Il y a là un exemple frappant de revendication identitaire.

Si, sur le terrain de la philosophie, Sartre est sans conteste d'une écrasante supériorité, il est en revanche beaucoup moins à son aise dans le journalisme, domaine de prédilection de Camus. Mais la plus grande différence porte sur l'engagement idéologique. Camus a très vite rompu avec le communisme, avant même que Sartre ne s'y intéresse. Par la suite, cependant, la politique sera au centre des préoccupations de Sartre.

Un méditerranéen et un septentrional

Pour Sartre, Camus était un « méditerranéen ». Il est vrai que l'œuvre est solaire, baignée de lumière, de sensualisme, de joie du corps. La mer et la beauté de la nature y sont presque constamment célébrées. Il recourt au lyrisme, aux métaphores et aux symboles. Sartre, lui, est un « septentrional ». Dans son œuvre, les personnages évoquent rarement la nature. Tout au plus est-elle un décor vague constitué le plus souvent de brouillards et de brumes. Le thème de l'enlisement ou de l'engluement y est fréquent. Les personnages évoluent dans un milieu essentiellement urbain, dans des espaces fermés. Le corps n'est pas donné comme un centre d'harmonie, mais comme une réalité à assumer. En outre, Sartre cède rarement au lyrisme, sinon sur le mode parodique, et semble préférer les images concrètes aux symboles.

REPÈRES

Ainsi les deux écrivains ont-ils deux univers nettement tranchés. Il ne faudrait cependant pas systématiser en réduisant Sartre et Camus à une opposition commode, mais douteuse. L'approche des œuvres doit respecter les spécificités internes pour mieux en saisir la richesse et la cohérence. Alors – et alors seulement – d'utiles comparaisons pourront s'établir et persuader de la place privilégiée qu'ont occupée ces deux témoins capitaux et complémentaires. À l'hésitation camusienne entre « solitaire **ou** solidaire » répond le choix sartrien du « solitaire **et** solidaire ».

Les grandes œuvres

LE PHILOSOPHE

INTRODUCTION

Toute l'œuvre de Sartre étant conditionnée par la réflexion philosophique, et surtout par la pensée existentialiste, il est nécessaire de commencer par en définir les grands axes.

Si Sartre n'est pas l'inventeur de l'existentialisme, il en est le représentant-phare, le véritable chef de file. Il n'est que de parcourir n'importe quel ouvrage de vulgarisation consacré à la vie intellectuelle en France pour s'en persuader. À l'origine de la philosophie existentialiste, il y a évidemment une réflexion sur l'existence et sur sa signification. Pour les précurseurs, Husserl et surtout Heidegger, l'existence humaine a une spécificité double : l'angoisse qui lui fait connaître sa **contingence*** et le souci de se déterminer (par sa réflexion sur l'Être). Pour Sartre, l'être humain est d'abord une conscience qui le fait exister avant de penser. Faudra-t-il privilégier l'essence (une existence *a priori*) ou l'expérience (le devenir de l'être) ? Sartre choisira selon la célèbre formule : « l'existence précède l'essence » qui signifie que l'homme ne peut se définir que par ce qu'il devient, par les situations qu'il devra affronter.

Ainsi est posé le problème de la liberté angoissante que l'homme doit assumer et des valeurs qu'il devra se donner pour que son existence ait un sens. L'existentialisme est donc surtout athée, même si certains ont pu définir un existentialisme chrétien.

Le malaise d'Eugène Roquentin, le héros de *La Nausée*, allait populariser la problématique existentialiste. On associa l'absurde * camusien et l'existentialisme sartrien alors que les deux philosophes (le premier se défendait d'en être un) présentaient de notables différences au-delà d'une apparente similitude de l'angoisse initiale.

Au cœur de la pensée de Camus, il y avait la révolte contre l'absurde de la condition humaine, la problématique de la fraternité (« solitaire **ou** solidaire »), le refus de considérer l'histoire ou l'idéologie comme justification des actes passés ou à venir. Chez Sartre, la réflexion philosophique est devenue inséparable de la pensée et de l'action politiques ; autrui y est une conscience aliénante qui menace la liberté individuelle (« L'enfer, c'est les autres »), tandis que l'homme y est responsable de lui-même et de l'humanité à travers ses actes.

Célèbre dès 1945, fondateur de la revue *Les Temps Modernes*, Sartre a été le modèle même du philosophe pleinement engagé dans son époque, intellectuel de l'action, voire de la révolution, parfois au prix de choix contestables ou de contradictions inévitables. Par lui, par l'existentialisme dont la visée ne pouvait que toucher la génération de l'immédiat après-guerre, la philosophie et les philosophes ont retrouvé droit de cité, conquérant un très vaste public (en France comme à l'étranger) que jamais jusqu'alors ils n'avaient pu atteindre.

De l'œuvre philosophique, abondante, à la maturité précoce, (*L'Imagination*, 1936, *La Transcendance de l'ego*, 1937, *Esquisse d'une théorie des émotions*, 1939), on retiendra quatre ouvrages majeurs dont l'accès n'est cependant pas toujours aisé : *L'Imaginaire* (1940), *L'Être et le Néant* (1943), *L'Existentialisme est un humanisme* (1946) et *Critique de la raison dialectique* (tome I : 1960 ; tome II : 1985).

L'Imaginaire

DESCRIPTIF

L'ouvrage est un prolongement de la réflexion commencée dans *L'Imagination*, quatre ans auparavant, qui s'interrogeait sur l'image et faisait la critique des approches proposées par Descartes, Spinoza, Leibniz, Hume, Taine, Ribot et Bergson. Sartre y avait dénoncé l'aspect réducteur de ces doctrines philosophiques. Celles-ci, en effet, réduisaient souvent l'imagination au « chosisme », en faisant de l'image une manifestation dépendante de la pensée ou du corps. Or, Sartre préférait une approche phénoménologique, inspirée de Husserl. La réflexion sur l'imagination se devait de distinguer image et perception, donnant à la première une fonction conquérante, distincte de l'identité passive de la seconde.

Aussi, très logiquement, *L'Imaginaire* se donne-t-il comme une « Psychologie phénoménologique de l'imagination ». Dès la première phrase, Sartre définit son but : « décrire la grande fonction *irréalisante* de la conscience ou *imagination* et son corrélatif noématique *, l'imaginaire ». En clair, cela signifie que l'imaginaire est d'ordre intentionnel, puisqu'il vise à transcender l'expérience. L'ouvrage propose une analyse ouverte en quatre directions : « Le Certain » – « Le Probable » – « Le Rôle de l'image dans la vie psychique » – « La Vie imaginaire ».

Sartre définit l'image comme une « conscience imageante ». Elle aboutit à une « pauvreté essentielle », obéissant à une spontanéité où elle pose son objet comme un néant et n'en fournit qu'un *analogon* (une image analogique). Mais la notion de « conscience imageante » est insuffisante. Elle doit céder la place à d'autres approches, liées aux différents domaines de la psychologie. L'image ne dépend pas seulement de la perception et l'imagination est une fonction psychique essentielle, une « attitude imageante globale ». L'image est inséparable de la pensée conceptuelle. Elle est d'ordre magique, « incantation destinée à faire apparaître l'objet auquel on pense », mais en empêche la possession. Ainsi l'imagination s'oppose à une conscience du monde comme une totalité, parce qu'elle est capable de dépasser le monde en le néantisant. Elle est, en tous cas, un des fondements mêmes de la conscience humaine.

COMMENTAIRE

Analogies et filiation : de la continuité sartrienne
La réflexion de Sartre sur l'image et l'imaginaire est fondamentale, non seulement dans son approche philosophique intimement liée à la phénoménologie, mais aussi par le jeu des visées antérieures qu'elle reprend ou des perspectives ultérieures qu'elle ouvre. On l'a souvent dit : chez Sartre, le philosophe n'est jamais loin du romancier ou du dramaturge. Dans *L'Imaginaire*, le lecteur peut être frappé de voir l'analyse philosophique user du prénom Annie. Il pourrait songer à une simple analogie homonymique avec le prénom Anny, l'ex-maîtresse de Roquentin dans *La Nausée*. Mais l'analogie est beaucoup plus profonde. En définissant le désir du « rêveur morbide » (Annie en est l'objet), l'analyste de *L'Imaginaire* conclut : « Je désirais la venue d'Annie : mais Annie que je désirais n'était que le corrélatif de mon désir. La voici mais elle déborde mon désir de toute part, il faut tout un réapprentissage. » Phrases troublantes lorsqu'on les compare à la situation de Roquentin venu retrouver Anny et lui aussi obligé de passer par un « réapprentissage ». Le rapprochement entre le roman et l'essai philosophique s'impose encore, à l'évidence, dans les toutes dernières pages de *L'Imaginaire* où il est question de « l'écœurement nauséeux qui caractérise la conscience imageante ». Cette fois, la filiation s'avoue trop nettement pour qu'il soit utile d'y insister.

Ainsi, il n'y a pas rupture mais continuité d'une œuvre à une autre, de la fiction romanesque à l'essai philosophique et de la philosophie à la création dramatique. Car *L'Imaginaire* n'ouvre pas seulement la voie au philosophe de *L'Être et le Néant*, à ses magistrales et redoutables analyses. La réflexion sur la « conscience-dans-le-monde » annonce directement celle sur la situation sartrienne. Pour Jeannette Colombel, la conclusion de *L'Imaginaire* « dévoile cette fonction constitutive de la conscience, fondée sur une liberté en situation ». On peut affirmer également que Sartre y ouvre la voie à ces deux drames antinomiques de la liberté que seront *Les Mouches* et *Huis Clos*.

L'Être et le Néant

DESCRIPTIF

Œuvre maîtresse du philosophe, *L'Être et le Néant* apparaît d'abord comme une somme philosophique radicale de sept-cent-vingt-deux pages, ouvrage redoutable d'un éblouissant dialecticien qui jongle avec les concepts. Elle est aussi l'aboutissement d'une pensée dont elle est la clef de voûte, un « Essai d'ontologie phénoménologique » dont l'intelligence, au moins globale, est indispensable à qui veut comprendre l'œuvre de Sartre et mieux saisir tout ce qui fait l'originalité et la profondeur de l'existentialisme.

Après une copieuse « Introduction à la recherche de l'Être » qui définit la démarche du philosophe, Sartre expose dans les quatre parties qui composent l'ouvrage (« Le Problème du néant », « L'Être pour soi », « Le Pour-autrui », « Avoir, faire et être ») les données de l'approche existentialiste, avant de livrer une conclusion où l'ontologie semble vouloir laisser la place à une éthique de la liberté.

Ce que Sartre se propose d'examiner, c'est la réalité humaine définie tout d'abord comme conscience de sa propre existence. Cette conscience, le **pour-soi**, néantise l'**en-soi** (l'être clos sur lui-même) et se définit comme fuite, comme négation, comme liberté. L'idée d'une nature humaine n'a pas de sens. Ce qui prévaut, c'est l'existence (« L'existence précède l'essence »), car l'homme est projet et se détermine par ses actes, seuls capables de lui donner une réelle essence. La réalité humaine est celle d'une conscience en situation (« toute conscience est conscience de quelque chose »). Tourné vers un engagement angoissé et lucide qui récuse mauvaise foi et mensonge, le **pour-soi** est régi par des structures (la « facticité », la temporalité, la transcendance) qui donnent sa pleine valeur à la notion de projet.

Mais le **pour-soi** oblige à analyser une autre dimension, qui lui est organiquement liée : le **pour-autrui**. Ce pour-autrui peut être une menace, en particulier par le regard de l'autre, devenu une conscience qui me transforme en objet et immobilise ma liberté. De même la relation sexuelle « chosifie » autrui en simple corps à posséder. Les communications entre consciences sont également menacées par les relations masochistes du regard-regardé (l'amour, le langage) ou les relations sadiques du regard-regardant (l'indifférence, le désir, la haine). Toutes les attitudes ou activités de l'homme aboutissent à la contradiction d'un être qui se veut « en-soi pour-soi », à un projet qui ne peut avoir d'existence.

« Avoir, faire et être » montrent comment l'homme peut se définir par les objets et les actes, car avoir ou connaître, faire ou se faire, c'est être. Responsable de lui-même et du monde, l'homme se choisit libre par son intention (« c'est le choix intentionnel de la fin qui révèle le monde, et le monde se révèle tel ou tel selon la fin choisie »). Enfin, Sartre propose une « psychanalyse existentielle » qui se donne pour but de définir une « évidence » de l'homme par les choix opérés. L'ontologie ne pouvant fonder de morale, car elle ne s'occupe que de ce qui est, aboutit à une série de questions et de doutes qui ne peuvent « trouver leur réponse que sur le terrain moral ». *L'Être et le Néant* se clôt ainsi sur la perspective annoncée d'un « prochain ouvrage » se donnant pour fin l'élaboration d'une éthique existentialiste.

COMMENTAIRE

La lente reconnaissance d'une œuvre maîtresse

Curieusement, la renommée de Sartre philosophe ne fut pas immédiate. La parution de *L'Être et le Néant* fut, si l'on en croit Merleau-Ponty, surtout accueillie par le silence. Annie Cohen-Solal parle d'un livre qui « passe donc quasi inaperçu » : un seul article de René-Marill Albérès en 1943, trois autres l'année d'après et neuf en 1945. Il est vrai qu'on ne commença à s'intéresser à l'ouvrage qu'à partir de 1945, c'est-à-dire à partir du moment où l'existentialisme bénéficia d'un extraordinaire engouement. Dès ce moment, il y eut une querelle de l'existentialisme au centre de laquelle se trouvait un ouvrage « désigné comme un poison dont il faut se garder plutôt que comme une philosophie à discuter ». Pourtant, ce volumineux ouvrage, à l'identité si particulière, tantôt soumis aux méandres les plus abscons de la phénoménologie, imprégné de multiples références, nourri de Husserl et de Heidegger, tantôt recourant à un langage et à des exemples directement accessibles, voire lumineux, est un traité de philosophie qui se veut l'exposé d'une pensée profondément originale. Son originalité, son impact, sont tels qu'ils marqueront profondément la pensée contemporaine, associant étroitement philosophie, littérature, morale, politique. André Gorz évoquera « un univers ayant *L'Être et le Néant* pour frontière » et, beaucoup plus tard, Michel Tournier écrira : « un système nous était donné ».

D'une « ligne de fuite » à une liberté de condamnés

En 1985, Michel Foucault faisait le bilan de la philosophie contemporaine. L'un des deux axes qu'il définissait comme « une philosophie de l'expérience, du sens, du sujet » imposait deux noms : Sartre et Merleau-Ponty. Quant à Gilles Deleuze, il n'hésite pas à affirmer qu'avec *L'Être et le Néant*, Sartre s'imposait comme « un intellectuel qui changeait singulièrement la situation de l'intellectuel ».

Il ne faut pas perdre de vue, en effet, que l'ouvrage est autant une assimilation qu'une réfutation des thèses philosophiques alors en vigueur. Sartre bouscule le *cogito* de Descartes : le « Je pense, donc je suis » devient « Je suis d'abord ». S'inspirant de la démarche de Heidegger, Sartre n'en utilise cependant pas la terminologie, tout en donnant l'identité « Essai d'ontologie phénoménologique » à son exposé. Pour Jeannette Colombel, « Sartre accepte et conteste toujours à la fois les auteurs dont il part ». Elle définit d'ailleurs *L'Être et le Néant* comme une « ligne de fuite ».

Originalité encore de cette œuvre maîtresse qui n'oublie jamais la matérialité, ni le quotidien. Sartre n'a pas oublié la contingence, si présente dans *La Nausée*. De même, la démarche phénoménologique oblige à regarder d'abord l'apparence. D'où l'importance des objets dans le champ de la conscience. D'où l'interrogation sartrienne sur le jeu : qui suis-je ? sinon un mauvais acteur jouant à être ce que je suis (on songe à l'exemple célèbre du garçon de café). Le « *Qui sum* » se retrouvera dans la fascination sartrienne pour l'acteur, fascination-interrogation bien présente dans *Kean* ou dans *Le Diable et le bon Dieu*.

Mais la conscience angoissée est projection, fuite en avant, transcendance vers le néant. Les personnages de Sartre « sont condamnés à être libres » parce qu'ils sont conscience et projet. Tel sera Oreste (*Les Mouches*), conquérant aliéné de sa liberté ; tels seront Garcin, Estelle ou Inès (*Huis clos*) aliénés à eux-mêmes et à autrui. Avec *L'Être et le Néant*, Sartre ouvre la voie à un théâtre de situation, à un roman de la liberté, à la conquête philosophique, morale et surtout politique. Certes, l'homme sartrien est en quête de liberté, entre ombre et ambiguïté, mais il se définira toujours comme un projet, comme un être agissant – donc **engagé** – en fonction d'une situation, comme un être multiple, grand et dérisoire tout à la fois. Avec *L'Être et le néant*, c'est toute la pensée sartrienne qui est mise en place. Les clefs qu'elle offre pourront ouvrir de multiples serrures. Il n'est que d'interroger les œuvres à venir.

L'Existentialisme est un humanisme

DESCRIPTIF

Publié en 1946, soit trois ans après *L'Être et le Néant* dont il reprenait la matière philosophique, l'ouvrage est directement issu de la célèbre conférence prononcée par Sartre le 29 octobre 1945 au « Club Maintenant » et qu'évoque Boris Vian dans *L'Écume des jours*. Répondant aux critiques, aux interprétations douteuses, ainsi qu'aux appréciations réductrices, le philosophe, devenu à son corps défendant le représentant de l'existentialisme, se donnait pour objectif de préciser ce qu'étaient les thèses existentialistes. Il voulait montrer que l'existentialisme n'avait pas pour but de démoraliser ou d'accentuer les angoisses et les doutes de toute une génération trop marquée par la guerre. La démarche existentialiste se proposait comme une conquête de la liberté humaine.

Louis Nagel eut l'idée géniale d'éditer le texte de la conférence. Ainsi ce petit livre allait devenir la « bible de l'existentialisme » au grand dam de Sartre. L'opuscule, condensé accessible et bon marché de *L'Être et le Néant*, fut traduit en dix-huit langues et publié à des centaines de milliers d'exemplaires. Avec lui, Sartre devenait véritablement un « homme public ».

L'essai précise, dès le début, les visées de l'existentialisme qui s'affirme comme une doctrine philosophique comportant deux directions opposées : un existentialisme chrétien et un existentialisme athée. C'est ce dernier, inspiré d'Heidegger, qui correspond à la position sartrienne. Pour les existentialistes, chrétiens ou athées, le postulat « l'existence précède l'essence » est le même ; il est le point de départ nécessaire. Dans la doctrine existentialiste athée, il n'y a pas de nature humaine puisqu'« il n'y a pas de Dieu pour la concevoir ». Ainsi « l'homme n'est rien d'autre que ce qu'il se fait ». Il se définit par un projet, et « sera d'abord ce qu'il aura projeté d'être ». Mais son choix n'engage pas que lui-même ; il engage ses semblables (« en se choisissant, il choisit tous les hommes ») dont il est responsable. L'acte individuel engage l'humanité toute entière et définit des valeurs (« je crée une certaine image de l'homme que je choisis ; en me choisissant, je choisis l'homme »). L'angoisse, née de cette responsabilité, est renforcée par le délaissement (« Dieu n'existe pas »). Elle engage l'homme dans une liberté responsable parce qu'il est « condamné à être libre », « condamné à chaque instant à inventer l'homme ». Dès lors, résolument tourné vers l'action, l'existentialisme obéit à une « dureté optimiste » qui refuse le quiétisme * et la mauvaise foi, en affirmant que « la seule chose qui permet à l'homme de vivre, c'est l'acte ». Il lui préfère la réalité d'une situation selon laquelle il peut librement se déterminer et se projeter. Si « l'homme se fait », c'est « en choisissant sa morale ». Son choix n'est pas gratuit, car « on se choisit en face des autres ». Liberté individuelle et liberté collective sont étroitement liées. L'existentialisme n'est pas un humanisme dans le sens classique et restrictif du terme. Il l'est dans le sens où « l'homme n'est pas enfermé en lui-même, mais présent toujours dans un univers humain ». La fin de l'essai laisse la place à un dialogue où Sartre répond à diverses objections.

COMMENTAIRE

Du manifeste...

L'Être et le Néant était un ouvrage pour spécialistes, un volumineux essai, presque indigeste, y compris pour les spécialistes. Du moins avait-il – et a-t-il encore – cette réputation. Avec *L'Existentialisme est un humanisme*, rien de tel. Ce qui frappe, c'est l'accessibilité, la lisibilité du texte, renforcées d'ailleurs par la présentation et la pagination. Le texte de la conférence est mis en page de telle sorte qu'il laisse une marge à gauche où sont répartis des guides de lecture, des repères puisés directement dans le texte. De cette manière, non seulement le texte de la conférence est un peu « gonflé », mais il ne paraît pas rebutant.

...à la pédagogie

Le texte offre bien les caractères de l'exposé oral, avec ses reprises, ses insistances, ses développements et ses exemples, à la fois pauses et illustrations directes. De là, apparaissent nettement deux caractères : **l'ouvrage est un manifeste** où est exposé la doctrine existentialiste ; **l'ouvrage est pédagogique** car il cherche à rendre accessible une approche philosophique dans un langage d'où est évacué systématiquement tout ce qui pourrait passer pour du jargon réservé à des spécialistes. Ces deux caractères expliquent pourquoi l'ouvrage a été – il l'est toujours – un tel succès de librairie. Ajoutons à cela la constatation que *L'Existentialisme est un humanisme* s'imposait un peu comme l'ouvrage de référence. À l'instar de ses illustres prédécesseurs du XVIIe siècle, Sartre se payait le double luxe d'une querelle et d'un manifeste : fidèle à ses propres thèses, l'existentialisme était bel et bien **engagé**.

Critique de la raison dialectique

DESCRIPTIF

Publié en 1960 et précédé de *Question de méthode* où le marxisme était qualifié de « philosophie indépassable de notre temps », *Critique de la raison dialectique* fut aussi le dernier essai philosophique de Sartre. Le second volume ne fut publié qu'après sa mort, en 1985. L'ouvrage marque surtout une évolution dans la pensée de Sartre, la réflexion purement philosophique cédant la place à la réflexion politique.

« Épopée des temps modernes », selon Jeannette Colombel, *Critique de la raison dialectique* examine la *praxis** (l'activité humaine en vue d'un résultat), la relation des hommes avec la matière et la réalité collective. L'homme est un produit historique, mais il est aussi un projet. Ainsi, il subit et fait l'Histoire. La *praxis* du groupe est liée à celle de l'individu qu'elle soumet aux contraintes du « pratico-inerte ». L'« altérité » de chacun est ainsi régie par une dialectique de la passivité active et de l'activité passive. Sartre se donne pour but de découvrir « la signification profonde de l'Histoire et de la rationalité dialectique ». La dialectique a pour corollaire l'action par la conscience qui subit et fait l'Histoire tout à la fois. Ce que vise Sartre, c'est « la loi dialectique d'une conduite humaine », comme mode de connaissance et comme « loi de production d'une réalité historique ». On reconnaît là la volonté d'une délicate synthèse entre existentialisme et marxisme.

Contrairement aux apparences, le second tome, publié en 1985, a été élaboré avant le premier. Ouvrage posthume, il montre à quel point « l'intelligibilité de l'histoire » est l'interrogation sartrienne par excellence.

COMMENTAIRE

Penser autrement

Critique de la raison dialectique doit essentiellement être perçu comme la mise en application philosophique des théories sartriennes de l'engagement, comme le lieu des affrontements vertigineux de l'individu et du collectif, de la liberté et de l'aliénation. Rien n'est plus révélateur, à cet égard, que l'illustration dramatique que proposent *Les Séquestrés d'Altona*, exact contemporain de cet essai.

Interrogation philosophique sur l'Histoire, *Critique de la raison dialectique* est dépendant de son propre contexte historique, mais révèle aussi les hésitations et la fascination de Sartre face au marxisme. Enfin la dialectique sartrienne est d'abord fondée sur la réalité humaine. Parce que l'homme est conscience et projet, il s'agit de penser plus loin, c'est-à-dire **autrement**. Le philosophe qui se tournera vers l'action politique le prouvera amplement.

LE ROMANCIER ET LE NOUVELLISTE

INTRODUCTION À L'ŒUVRE NARRATIVE

Pour beaucoup de jeunes écrivains, faire œuvre littéraire signifie un passage obligé par le roman. Sartre n'échappera pas à cette règle. Cependant l'écrivain ne sera véritablement reconnu qu'en 1938 – il a trente-trois ans – lors de la publication de *La Nausée*. Jusqu'alors Sartre apparaît surtout sous les traits d'un professeur (au Havre, à Laon, à Neuilly) et d'un philosophe (publication de *L'Imagination* en 1936). Un premier roman *La Défaite*, a été refusé et *La Nausée* ne sera accepté par les éditions Gallimard qu'à la seconde présentation du manuscrit.

En 1937, la nouvelle « Le Mur » est publiée dans *La Nouvelle Revue Française*. C'est le premier pas vers la reconnaissance de l'écrivain. Gide est enthousiaste : « Quel est donc ce nouveau Jean-Paul ? », demande-t-il à Jean Paulhan. Et d'ajouter : « Il me semble qu'on peut beaucoup attendre de lui. » Intuition parfaitement juste. Lorsque paraît *La Nausée*, l'année suivante, Sartre est salué comme un grand écrivain. Il a acquis droit de cité. Sa production va s'accroître et se diversifier. En 1939, il publie un recueil de nouvelles, *Le Mur*. Celui-ci s'ouvre sur le récit déjà publié en 1937 et sera fort bien accueilli.

C'est la guerre qui va faire évoluer la conception du romancier Sartre. Au roman métaphysique, à visée individualiste, qu'était *La Nausée*, va succéder un roman marqué par la prise de conscience historique, par la perspective collectiviste. Sartre conçoit le projet d'une somme romanesque dès 1940 : *Les Chemins de la liberté*. Pourtant ce projet ne sera pas mené à son terme. Après la parution des deux premiers volumes (*L'Âge de raison* et *Le Sursis*, 1945) puis du troisième (*La*

Mort dans l'âme, 1949), le romancier semble renoncer à poursuivre. Il y aura bien la parution partielle d'un quatrième volume, intitulé *Drôle d'amitié*, dans *Les Temps Modernes*, mais ce volume restera sans suite.

Tout se passe donc comme si, parti de la révélation d'un univers, du « divorce entre l'existence et la pensée » (Michel Raimond), Sartre en était arrivé à devoir inventer une technique romanesque nouvelle. C'est ce qu'il tentera de faire, en expérimentant de nouveaux procédés. Ainsi s'élargit la tentative de saisie romanesque : capter le réel, refuser d'être un narrateur omniscient ; préférer la subjectivité à toute entreprise réaliste. Pour Sartre, il n'y a plus de récit, mais une progression romanesque, construction aléatoire, en fonction du regard du personnage.

Pourtant, malgré cette ambition avérée de renouveler le roman, Sartre délaissera peu à peu l'écriture narrative et finira par y renoncer. À l'esthétique romanesque se substituera la notion d'engagement. Elle appellera l'écrivain polygraphe sur de multiples fronts.

La Nausée

Premier roman de Sartre, *La Nausée* est une œuvre maîtresse et doit être comptée parmi les romans les plus importants de son époque. Lorsque parut *La Nausée*, en avril 1938, la critique lui réserva un accueil très favorable. Fait assez étonnant, les différents articles s'accordaient à peu près unanimement pour reconnaître au nouvel auteur un talent évident ; on lui promettait un avenir brillant. On ne se trompait pas, mais on ignorait que l'œuvre était l'aboutissement d'un étonnant parcours souterrain qui représentait huit ans d'efforts, d'acharnement, mais aussi de découragements et de doutes. Car le manuscrit avait été refusé une première fois en 1936 par les Éditions Gallimard avant d'être enfin accepté en 1937. Au titre initial de 1931, *Factum sur la contingence*, avaient succédé trois autres intitulés (*Essai sur la solitude d'esprit*, *Melancholia*, *Les Aventures extraordinaires d'Antoine*

Roquentin). Pourtant, c'est à Gaston Gallimard qu'allait revenir la paternité du titre définitif qu'il trouvait préférable à *Melancholia*. Très honnête succès de librairie (7000 exemplaires dès la première année), dont il fut même question pour le Goncourt et l'Interallié, *La Nausée* allait bientôt poursuivre une carrière d'une dimension internationale.

RÉSUMÉ

Dans l'« Avertissement des éditeurs », il est précisé que *La Nausée* est le journal intime qu'Antoine Roquentin a commencé en janvier 1932. Grand voyageur venu se fixer à Bouville trois ans auparavant, Roquentin y achevait des recherches historiques sur le marquis de Rollebon.

Dans le premier feuillet non daté, le narrateur se propose de tenir un journal pour relater son étrange expérience : celle d'un changement dans sa perception du monde et surtout des objets. Roquentin admet qu'il est sujet à des « transformations soudaines » qui sont autant de signes d'une métamorphose inquiétante. Évoquant les personnages qui peuplent son univers (M. Fasquelle, gérant du café Mably, l'Autodidacte, Françoise, patronne d'un café et liaison occasionnelle de Roquentin), il réfléchit à son expérience de la solitude. Celle-ci est aggravée par son travail de recherche à la bibliothèque pour sa thèse sur Rollebon et le départ d'Anny, sa maîtresse. Il constate l'altération des mots et de la pensée, ainsi que la disparition du vraisemblable. Identifiant cet état « d'écœurement douceâtre », Roquentin lui donne le nom de « nausée ».

Quelques jours plus tard, dans le café *Au Rendez-vous des Cheminots*, il fait une autre constatation : un vieil air de jazz qu'il affectionne réussit à dissiper cette crise. Travaillant à la bibliothèque, Roquentin y retrouve celui qu'il surnomme l'Autodidacte et comprend soudain la méthode de ce dernier : « il s'instruit dans l'ordre alphabétique ». Le dimanche lui permet d'observer la bourgeoisie bouvilloise et ses ridicules dont il fait une impitoyable caricature. Le lendemain, il se rend compte que son travail sur Rollebon lui pèse. Le jour du Mardi-Gras, il reçoit une lettre d'Anny qui lui donne rendez-vous à Paris le 20 février. Au restaurant, il relit cette lettre et essaie de se souvenir de sa liaison avec Anny, n'en retenant guère que son goût pour ce qu'elle appelait les « moments parfaits ». L'arrivée du docteur Rogé, type même de l'homme d'expérience, fait prendre conscience à Roquentin que l'expérience est un leurre.

Le présent est celui d'une contingence médiocre entre angoisse et obsessions morbides. Le passé est tout aussi décevant, à l'image de ces portraits des notables bouvillois qui trônent au musée. Immortalisés dans leurs certitudes bourgeoises, ils représentent pour Roquentin les « salauds ». Le lundi, il décide de renoncer à son travail sur Rollebon et perd ainsi la seule justification de son existence. Seulement, il lui reste la pensée. Quel sens a alors sa vie ?

Invité dans un médiocre restaurant par l'Autodidacte, il observe les clients et fait le constat de l'absurdité de l'existence, ainsi que son ridicule. Alors que l'Autodidacte lui propose l'humanisme comme justification de la vie, Roquentin est assailli par une nouvelle crise de nausée qui l'oblige à quitter le restaurant. Une fois dehors, il se calme peu à peu et découvre le sens de l'existence en contemplant la racine d'un marronnier : l'existence n'est pas justifiable ; elle ne peut être enfermée dans le langage et n'a pas de mémoire. « Exister, c'est *être là*, simplement. » Après cette expérience décisive, Roquentin n'a plus qu'une chose à faire : retourner vivre à Paris puisque plus rien ne le retient à Bouville.

À Paris, comme convenu, il revoit Anny, son ancienne maîtresse. Tous deux évoquent leurs souvenirs communs, leurs habitudes, constatent ce qu'ils sont devenus. Anny demande à Roquentin en quoi elle a changé. Il va alors découvrir qu'Anny ne croit plus à ces fameux « moments parfaits », véritable justification de son existence. Elle avoue qu'elle « se survit ». De son côté, Roquentin lui explique sa propre métamorphose. Mais le couple ne peut plus se reformer. Roquentin assistera au départ d'Anny pour Londres en compagnie d'un autre homme.

Rentré à Bouville, qu'il se prépare à quitter, il fait le bilan pessimiste d'une liberté routinière où il va se survivre, lui aussi. Le lendemain, il retrouve l'Autodidacte à la bibliothèque. Là, il assiste, impuissant, à une scène où le « pauvre humaniste » se révèle un lamentable pédéraste qui provoque le scandale. Deux heures avant son départ, Roquentin se promène et fait l'expérience d'une conscience devenue anonyme. Entré au *Rendez-vous des Cheminots*, pour faire ses adieux, il demande à entendre une dernière fois l'air de jazz qu'il affectionne. Et tandis qu'il écoute les paroles du refrain familier, il envisage de transcender l'existence par la création artistique, peut-être par un roman qui lui permettrait enfin de s'accepter.

COMMENTAIRE

UNE IDENTITÉ PROBLÉMATIQUE

Un roman de philosophe

Les premiers critiques à rendre compte de *La Nausée* étaient parfaitement conscients de la dimension philosophique de cet étrange roman. Aussi tout naturellement, en toute logique, parlèrent-ils d'une « méditation philosophique », d'un « roman philosophique », d'un « roman de l'existence », d'un « romancier philosophe »… André Rousseaux demandait : « Peut-on faire un bon romancier avec un philosophe ? » (*Le Figaro* du 28 mai 1938). L'auteur de *La Nausée*, philosophe de formation et de profession, semblait imposer une lecture philosophique. Avec un tel roman, le lecteur ne pouvait éviter la métaphysique. D'ailleurs le terme apparaît dans le roman, tout comme y figurent 243 fois le verbe « exister » et ses dérivés.

Dès lors, la visée métaphysique traduite par un journal intime ne pouvait qu'obliger à une réflexion sur la conscience, la solitude, l'art, la mort, le temps. De ce point de vue, *La Nausée* est un livre de méditation métaphysique. Mais le grand mérite de Sartre est de passer par la fiction. Car le roman préserve de la philosophie tout comme la visée philosophique sauve le roman. En quelque sorte, l'un sert de garde-fou et sans doute de garantie à l'autre. C'est ainsi que Claude-Edmonde Magny a pu parler de *La Nausée* comme d'un « livre double, juxtaposant par tranches alternées un essai phénoménologique et un récit romanesque étroitement imbriqués entre eux [...] » (*Existentialisme et littérature*, *Poésie 46*, n° 29, 1946).

Lucien Giraudo dans son étude sur *La Nausée* (Nathan, « Balises » n° 49) remarque fort à propos que le problème de l'identité romanesque ou philosophique « a longtemps constitué un écran pour la bonne compréhension de l'œuvre ». Il rappelle que le projet de Sartre a évolué de l'enjeu philosophique (*Factum sur la contingence*) à un projet d'écriture de plus en plus proche de la fiction romanesque et de la subjectivité (*Mélancholia*). De fait, pour métaphysique qu'il soit, le journal existentiel de Roquentin appartient à la fiction et à la convention romanesques.

Un roman de l'absurde

Roman existentiel, *La Nausée* n'est cependant pas un roman existentialiste, Sartre n'ayant pas encore mis en place la réflexion philosophique qui aboutira en 1943 à *L'Être et le Néant*. *La Nausée* apparaît plutôt comme un roman de l'absurde, héritier du *Voyage au bout de la nuit* de Céline (1932) et précurseur de *L'Étranger* de Camus (1942). Face à la racine de marronnier, dans cette expérience décisive de la nausée, Antoine Roquentin écrit : « Le mot d'Absurdité naît à présent sous ma plume. » Quelques lignes plus loin, le narrateur parlera d'une « absurdité fondamentale ». Tel est en effet le sens de cette révélation de l'existence. D'ailleurs, très vite, le narrateur prend conscience de la viduité d'un quotidien fait d'habitudes, et qui se rétrécit de plus en plus pour, à la fin, ne plus avoir de sens, ni même de justification (amour, travail, passé, présent). Ainsi, c'est dans cette première œuvre que Sartre est le plus proche de Camus : même sentiment de l'absurde et de la contingence, même dégoût, même visée individualiste d'un anti-héros.

Un Nouveau Roman ?

Il est bien tentant de voir dans *La Nausée*, où les objets occupent une si grande place, où la mémoire devient fragmentaire, où s'imposent l'étrangeté et l'opacité du monde un ancêtre du **Nouveau Roman**. En quelque sorte, Sartre ouvrirait la voie à Robbe-Grillet, à Butor ou à Nathalie Sarraute. Il est vrai que l'approche **phénoménologique*** du roman favorise cette hypothèse. La description des objets et la **réification*** du monde sensible offrent des analogies avec la technique romanesque de Robbe-Grillet ou de Butor. De même, le personnage d'Antoine Roquentin est essentiellement donné comme une conscience et comme un regard. Certes, l'usage du journal intime semble obéir à une linéarité, à une chronologie que dénonce si souvent le Nouveau Roman. Mais cette chronologie ne reconstruit pas le monde puisqu'elle rend compte d'une dissolution et d'une déconstruction. Sartre ne se sentira jamais vraiment proche des nouveaux romanciers. Mais il est vrai que *La Nausée*, comme *L'Étranger* auquel Robbe-Grillet se référera dans son manifeste *Pour un Nouveau Roman*, a servi de référence, sinon d'archétype, en tant que « roman de la rupture ».

Un roman autonome et paradoxal

Edmond Jaloux, un des premiers, selon Sartre, à avoir « parfaitement compris » le projet du romancier, voyait dans *La Nausée* « une œuvre profondément originale, [...] neuve et sans écho », un « roman absolument autonome ». Mais il aurait pu tout aussi bien dire que *La Nausée* était un **roman paradoxal**. Sartre semble en effet user d'éléments appartenant à diverses formes de la fiction romanesque. Ainsi, cela a déjà été dit précédemment, le journal intime est un procédé typique des romans des XVIIIe et XIXe siècles, à mi-chemin entre la fiction et l'illusion réaliste. D'ailleurs, *La Nausée* s'ouvre sur un traditionnel « Avertissement des éditeurs » dont Sartre fait un évident usage ironique. De même, le roman se ferme sur une référence à l'œuvre d'art salvatrice. Véritable transcendance proustienne, l'air de jazz est un écho de la Sonate de Vinteuil dans *La Prisonnière*. *La Nausée* use d'un ample système de références. Y seront évoqués Balzac (Roquentin lit *Eugénie Grandet*), Stendhal (*La Chartreuse de Parme*), Barrès (fessé en rêve), Renan, Michelet, Loyola... Dans un article consacré à *La Nausée* (*Le Magazine Littéraire*, n° 103-104, 1971), Michel Rybalka estime en outre « qu'un bon quart de l'œuvre est ainsi composé de citations directes ou à peine modifiées ».

Sartre, en mêlant ces diverses références, semble vouloir écrire **un roman du dépassement** qui dénonce l'illusion réaliste, chère aux romanciers du XIXe siècle, des romans d'aventures ou du roman psychologique. Il use des déformations propres à la littérature fantastique, recourt au registre populiste, aux scènes de rue ou d'atmosphère, au pastiche et à la caricature... Pour Geneviève Idt, « le discours de *La Nausée* renvoie sans cesse à d'autres discours, tout en les refusant ». Genre hybride, le roman engouffre toutes les formes et tous les registres. *La Nausée* est bien un roman paradoxal : il doit son originalité à l'usage polyphonique* d'une écriture romanesque qu'il semble vouloir épuiser pour mieux la transcender.

STRUCTURE, TEMPS ET ESPACE

Une structure floue ?

La structure de *La Nausée* est particulière en ceci qu'elle obéit à une chronologie irrégulière qui justifie et dénonce tout à la fois la linéarité du récit traditionnel. En tant que journal intime relatant une expérience soumise à l'aléatoire et au pathologique, *La Nausée* ne pouvait être régie par une chronologie ordonnée, comme on le verra dans l'analyse de la temporalité.

En outre, Sartre n'ordonne pas non plus son roman comme songera à le faire Tournier dans *Vendredi ou les limbes du Pacifique*. Il ne distingue pas le récit des expériences vécues de leur analyse ou de leur commentaire. Ce qui est logique puisque le narrateur est à la fois héros, descripteur, analyste. De cette façon, le roman reste un récit subjectivé.

Mais la structure de *La Nausée* n'est pas floue pour autant. En fait, elle est régie par l'évolution de Roquentin dont on peut retracer les étapes suivantes :

1. Au surgissement et à l'identification de la nausée, succède l'aggravation de la crise par le dépouillement progressif des illusions, des masques et déformations de la vérité.

2. Face à la pure contingence, qui exige de vivre un présent sans justification, Roquentin renonce à son travail sur Rollebon.

3. Il se trouve alors devant l'Existence vécue comme une « extase horrible ».

4. La liberté enfin est conquise par une rupture douloureuse avec Anny et le départ de Bouville.

5. La conclusion ambiguë laisse entrevoir un possible salut par l'écriture.

On le constate aisément, la structure de *La Nausée* correspond au double mouvement de la construction et de la déconstruction, d'une dialectique de la conquête et de la rupture, de l'aliénation et de la libération.

La temporalité

La Nausée, crise existentielle, correspond à une durée d'environ un mois (de la fin janvier à la fin février). Le journal intime d'Antoine Roquentin permet à Sartre de structurer le temps d'une manière très souple. Ainsi, le lecteur trouvera différents types de repères temporels : jour, quantième du mois, année (« Lundi 25 janvier 1932 ») ; jour et quantième du mois (« Mardi 26 janvier ») ; et surtout des indications du jour, du moment du jour, voire de l'heure (« VENDREDI, *cinq heures et demie* »). Il ne s'agit donc pas d'un journal tenu avec méthode, à jours fixes (il y a des ellipses, c'est-à-dire des blancs), mais d'une transcription où les variations sur la temporalité sont celles de l'expérience existentielle de Roquentin. On pourra même affirmer que cette temporalité variable et chaotique porte témoignage de l'état pathologique, de la volonté et de l'incapacité à le dominer véritablement. Enfin la temporalité de *La Nausée* est variable du fait qu'elle joue avec la représentation de la durée, donc avec la proportionnalité : dix-huit pages ou une seule ligne peuvent correspondre à une journée. C'est bien la preuve que **la temporalité de ce roman est volontairement subjective**.

L'espace

L'espace est essentiellement restreint à Bouville, grande cité portuaire qui est vraisemblablement la transposition romanesque du Havre, ville où Sartre a lui-même vécu et enseigné. Mais cet espace est surtout structuré par une géographie des lieux fréquentés par Roquentin, îlots privilégiés et presque cloisonnés. Beaucoup sont des lieux de rencontre très urbanisés, tels les cafés, restaurants et brasseries (Mably, *Au Rendez-vous des Cheminots*, maison Bottanet), les hôtels (Printania), le cinéma, le musée, le jardin public et surtout la bibliothèque. Ce sont aussi des lieux d'observation, d'analyse des autres ou de soi-même. Ils ne peuvent que renforcer la solitude de Roquentin, étranger confronté à autrui.

La nature n'a guère de place dans ce roman. Qu'il se porte sur un galet, un marronnier ou la mer, le regard du narrateur est d'abord celui du citadin qui privilégie les rues ou la jetée-promenade, la sortie de la messe, les conversations dans les brasseries et les cafés, les vieux airs de jazz.

L'espace urbain de Roquentin est un espace clos, sur lequel pèsent souvent le brouillard ou la pluie. Évoluant entre rues, chambres et cafés, le narrateur est un prisonnier qui ne fuit un lieu que pour en retrouver un autre. À Bouville succèdera Paris. Mais la ville est d'abord **un espace mental**, fermé sur lui-même. Il n'y est jamais question d'horizon. Ainsi temps et espace se rejoignent-ils dans la même contingence.

HUMEUR, HUMOUR ET DISTANCE

Un livre d'humeur

Sartre avait prévu comme titre pour son roman *Mélancholia*, par référence à une célèbre gravure de Dürer. Il faut prendre garde à ce titre car il n'est pas seulement un hommage ou une simple référence culturelle. Étymologiquement, la « mélancolie », c'est **l'humeur noire**, la « bile noire ». Dès lors, on peut envisager deux directions à partir du titre prévu par Sartre :

– *La Nausée* est le récit d'une « humeur noire », d'une crise existentielle. En ce sens, elle est une résurgence moderne du romantisme en tant que nouveau « mal du siècle » qui n'est pas sans analogie avec le spleen. Mais elle est aussi une transposition des années « d'humeur noire » vécues par Sartre entre 1934 et 1937, le souvenir de la dépression qui avait suivi son expérience mescalinienne (Sartre s'était fait piquer à la mescaline, un hallucinogène, pour ses travaux sur l'imagination).

– *La Nausée* est un livre d'humeur, une forme de dénonciation et de révolte qui règle des comptes avec le réalisme, le cartésianisme et l'humanisme en particulier. Le personnage de Roquentin manifeste d'ailleurs cette « humeur » en plus d'un endroit.

Cela signifie donc que toute lecture du roman risque d'être réductrice, sinon fausse, dès lors qu'elle privilégie un seul aspect, car le roman de Sartre use aussi de l'humour.

L'humour, distance et dérision

Plutôt que d'humour, il conviendrait de parler d'ironie, tant la volonté de Sartre est de marquer une distance, de dénoncer tel procédé en le détournant de son usage habituel. *La Nausée*, roman flaubertien de la haine contre la bourgeoisie, s'acharne à répudier un ordre littéraire bourgeois. D'où l'usage presque constant de la dérision, de la caricature, de la parodie, voire du pastiche.

L'écriture sartrienne ne fait grâce de rien. Elle fait la caricature impitoyable des saluts bouvillois échangés au sortir de la messe, de l'humanisme confiant d'un Autodidacte ridicule, odieux et lamentable, de l'art bourgeois et de ses mirages. Elle parodie Balzac, Flaubert et Proust, fesse Barrès en rêve, pastiche le *cogito* de Descartes et les journaux locaux.

La Nausée invite donc son lecteur à prendre ses distances, grâce à ce roman subversif dont l'ironie sert de distanciation, empêche toute identification, tout apitoiement excessif. D'ailleurs, son héros est capable de rire, capable aussi de réagir au spectacle de ce qui est odieux, ridicule, ou **obscène***. L'humour, la *vis comica* de Sartre, est inséparable de l'humeur.

SUBJECTIVITÉ, PASSIVITÉ ET ENLISEMENT

Entre réalisme subjectif et « naturalisme métaphysique »

Aussi bien le recours à un point de vue unique, où personnage et narrateur se confondent dans le même « je », que le recours à la forme du journal intime, donnent au roman l'allure d'une autobiographie qui avoue sans cesse sa subjectivité. Cependant, Sartre ne se contente pas d'un immense monologue. Il laisse la parole à différents personnages, ouvrant ainsi le roman à de multiples voix, à de multiples discours, faisant **éclater cette subjectivité**. *La Nausée* se peuple de différentes paroles : celles de l'Autodidacte, de Françoise, de Madeleine, de Lucie, de Monsieur Fasquelle, du docteur Rogé, d'Anny ou de personnages anonymes, parfois de simples silhouettes. **Le discours est polymorphe et polyphonique**. Il est aussi bien péroraison que langage théâtral, propos surpris que bribes de conversation.

La description à laquelle recourt volontiers le narrateur n'a rien à voir avec la description balzacienne. Le regard de Roquentin se pose sur le monde et sur les êtres en toute subjectivité. L'acuité de ce regard peut chercher à dépasser l'apparence, à regarder sous l'eau, mais il peut aussi être un regard fasciné qui fixe telle scène jusqu'à en immobiliser les acteurs (l'exhibitionniste et la fillette), ou le regard halluciné qui peuple l'univers de ses propres angoisses, de ses fantasmes, et déforme le réel jusqu'au fantastique. Plus que de réalisme subjectif, il faudrait donc parler, à la suite de Gaëtan Picon, de « naturalisme métaphysique ».

Passivité et enlisement
En outre, le personnage de Roquentin n'agit pas véritablement. Il est réduit à un rôle passif et subit la nausée dont il ne cherche pas à se délivrer, mais qu'il se contente d'analyser dans ses composantes et ses manifestations, but avoué du journal de Roquentin (« Tenir un journal pour y voir clair »). De même, il subit les êtres qu'il se contente de regarder ou d'écouter. De ce point de vue, Antoine Roquentin est le digne héritier de Frédéric Moreau, le héros de *L'Éducation sentimentale*.

Sa vie est faite d'habitudes et les cafés qu'il fréquente sont eux-mêmes fréquentés par des habitués. Son travail sur Rollebon, sa relation avec l'Autodidacte, son écoute du vieil air de jazz, son commerce avec Françoise sont placés sous le même signe de l'habitude et de la passivité. Lorsque Roquentin vient faire ses adieux à Françoise, celle-ci lui dira simplement : « Je m'étais bien habituée à vous. » Triste fin pour une relation purement charnelle aux antipodes de la passion.

Ni les paroles, ni les gestes de Roquentin ne sont conquérants. Pourtant, il lui arrive d'intervenir à de très rares exceptions, comme excédé par le monde des « salauds » (les bouvillois, les portraits des notables, le bibliothécaire). Héros de la régression et de l'échec, Roquentin est également le personnage de la rupture et de l'abandon. Il renonce à son travail sur Rollebon, il laisse partir Anny, il abandonne l'Autodidacte à son destin. Ainsi est pleinement justifié le : « je vais me survivre. »

Enfin, l'univers de *La Nausée* est essentiellement régi par la thématique du liquide, du visqueux, du brouillard, sur laquelle s'achève le roman : « demain il pleuvra sur Bouville. »

Le Mur

Contemporaines, pour la plupart, de *La Nausée*, les nouvelles du *Mur* sont une tentative unique, car sans lendemain. Selon Michel Rybalka, Sartre en conçut le projet au tout début des années trente. Il voulait surtout donner un recueil de nouvelles d'« atmosphère ». La première nouvelle à être publiée, « Le Mur », qui allait donner son titre au recueil, parut en 1937, avant *La Nausée*. Saluée par Gide, elle ouvrait les portes de la reconnaissance à Sartre, d'abord identifié comme nouvelliste. Le recueil, lui-même, fut publié en 1939. L'accueil de la critique et, plus encore, du public fut très favorable, les nouvelles du *Mur* étant d'accès moins difficiles que *La Nausée*. Aussi, en toute logique, *Le Mur* se vit-il décerner le prix Populiste en avril 1940. Le recueil allait connaître un des plus gros succès en édition de poche, succès dû en partie à son parfum de scandale et à sa condamnation par une bourgeoisie bienpensante (« affaire du lycée de Vernon » en 1969). Certaines nouvelles furent adaptées au cinéma (« Le Mur »), à la télévision (« La Chambre ») ou au théâtre (« Érostrate »).

DESCRIPTIF

Composé de cinq nouvelles (« Le Mur », « La Chambre », « Érostrate », « Intimité », « L'Enfance d'un chef »), le recueil a une identité bien définie. Sartre, dans le « Prière d'insérer », les présentait comme « cinq petites déroutes » devant l'Existence, comme des « fuites ». « Toutes ces fuites sont arrêtées par un mur », précisait-il pour justifier le titre d'ensemble.

« Le Mur » a pour contexte la guerre d'Espagne, et pour thème l'attente d'hommes, républicains et anti-franquistes, condamnés à mort. Pablo, le narrateur, constate son éloignement progressif du monde des vivants, malgré la présence d'un médecin belge censé leur apporter un réconfort moral. La mort de ses compagnons, fusillés avant lui, puis la grâce qu'on lui accorde ne peuvent le réconcilier avec une existence aux valeurs de laquelle il avait cru jusqu'alors.

« La Chambre » met en scène une femme, Ève, qui refuse de se séparer de son mari, Pierre, dont la folie finit par lui paraître aussi mensongère que le monde des bien-portants, tels ses parents. Choisissant la folie de Pierre, Ève pénètre dans un univers qu'elle ne peut véritablement comprendre et qu'elle décide pourtant de partager, tout en sachant qu'il est peut-être lui aussi celui d'un monde de la mauvaise foi.

« Érostrate » présente un personnage anonyme qui cherche à se faire connaître par un crime gratuit. Un de ses collègues de bureau lui fournit la référence-modèle d'Érostrate, grec anonyme, qui a incendié le temple d'Éphèse pour laisser son nom à l'histoire. S'inspirant de ce modèle, le personnage de Sartre écrit à cent deux écrivains pour les prévenir de son intention de tuer un inconnu. Un soir enfin, passant à l'acte, il tire sur un passant. Poursuivi par la foule, il se laissera arrêter dans les toilettes d'un café.

« Intimité » repose en grande partie sur l'usage du monologue intérieur : celui de Rirette qui pousse son amie Lulu à quitter son mari impuissant, Henri, pour Pierre, un homme séduisant et viril. Rirette semble parvenir à ses fins puisque Lulu se sépare de son mari. Pourtant Lulu, malgré tous ses fantasmes et tous ses désirs, revient vers Henri, partagée entre son dégoût et son affection.

« L'Enfance d'un chef », parodie du roman d'apprentissage, évoque l'enfance puis la jeunesse de Lucien Fleurier, un jeune homme de bonne famille. Dans ce récit de la mauvaise foi, Sartre brosse le portrait d'un héros, d'abord enfant veule et mou, qui fait l'expérience de l'homosexualité, prend une maîtresse, se lie avec des militants d'extrême-droite et devient antisémite. Ainsi, devenu un homme, prêt à fonder une famille et à s'établir, il est l'illustration même du « salaud » sartrien.

COMMENTAIRE

La genèse du recueil :
naissance et évolution d'un projet

Assez tôt dans les projets de Sartre est apparue l'idée d'écrire des nouvelles et d'y utiliser comme motif central la ville ou la région, d'y faire apparaître le fait divers ou le vécu quotidien. Une première tentative inachevée devait être le récit d'un homme faisant la rencontre d'un orchestre de femmes qui devenaient alors les héroïnes de la nouvelle. En 1935, une seconde tentative, « Soleil de minuit », utilisait le thème de la destruction d'un mythe confronté à la réalité. Mais Sartre perdit le manuscrit. En 1936, il rédigea « Dépaysement », nouvelle inspirée par un séjour à Naples, conçue comme point de jonction entre *La Nausée* et un recueil de nouvelles à venir. Cette nouvelle, utilisant le vécu personnel, se voulait interrogation philosophique et condamnation des mythes du tourisme. La même année, « Érostrate » recourait, cette fois, au fait divers et abandonnait l'expérience personnelle. « Le Mur », en 1937, « réaction affective et spontanée à la guerre d'Espagne » (Sartre), livrait une méditation sur la mort, et semblait s'opposer à Malraux. C'était aussi « un premier rendez-vous avec l'Histoire » (Michel Rybalka). Toujours en 1937, Sartre écrivit « La Chambre » et « Intimité ». Il revenait au quotidien et au récit proche du fait divers, tout en mettant en scène deux femmes : l'une confrontée à la folie, l'autre à l'impuissance. Enfin en 1938, « L'Enfance d'un chef » semblait permettre à Sartre de concilier les différentes tendances des nouvelles précédentes et de tracer un double portrait : celui d'un « salaud » et celui d'une époque. Ainsi se trouvait à nouveau convoquée la perspective historique dans ce qu'on peut considérer comme « un bilan négatif de l'entre-deux-guerres » (Michel Rybalka). Une dernière nouvelle était prévue (« Un obstiné ») mais elle resta à l'état de projet.

À la proposition faite par Sartre à Gallimard au printemps 1938, allait se substituer un projet de recueil d'où disparut « Dépaysement » que l'écrivain jugeait être une « nouvelle manquée ». *Le Mur* dans sa version définitive, comporta ainsi cinq nouvelles unies par une identité, par une problématique existentielle que soulignait nettement la première phrase du « Prière d'insérer » : « Personne ne veut regarder en face l'Existence. »

Le sens du titre

Le titre du recueil semble d'abord justifié par la nouvelle sur laquelle il s'ouvre. « Le Mur », publié dès 1937, avait été très remarqué et avait valu à Sartre des appréciations suffisamment élogieuses pour que cette nouvelle donne son titre au recueil. Mais, surtout, le recueil offre une réelle unité, représentée par le thème du mur, unité que Sartre précise ainsi dans son « Prière d'insérer » : « Toutes ces fuites sont arrêtées par un mur ; fuir l'Existence, c'est encore exister. » C'est le sens même du propos de Tom, dans « Le Mur » : « Je pense que je voudrai rentrer dans le mur, je pousserai le mur avec le dos de toutes mes forces et le mur résistera, comme dans les cauchemars. »

Le projet de Sartre semble très clair : présenter cinq récits qui sont autant d'échecs, de « déroutes », car il est impossible d'échapper à l'Existence, Roquentin en avait déjà fait la douloureuse expérience. Le recueil condamne donc toutes les attitudes de fuites, de faux-semblants, de mauvaise foi, autant de prétextes qui échouent devant la contingence.

Le mur sera celui des condamnés à mort (« Le Mur »), celui de la folie de Pierre (« La Chambre »), celui des lavabos du café où vient s'échouer un criminel affolé (« Érostrate »), celui de la conjugalité médiocre où retourne Lulu (« Intimité »), celui des fausses certitudes qui concluent le parcours de Lucien Fleurier (« L'Enfance d'un chef »).

Utilisant la notion de situation, qui est un des fondements de la pensée sartrienne, le recueil met en scène des personnages incapables de conquérir la liberté, d'échapper au mensonge et d'assumer une existence authentique. Par ses thèmes, *Le Mur* se situe dans le prolongement de *La Nausée* tout comme il annonce *Huis clos*.

Entre *La Nausée* et *Huis clos*

Le motif du mur était déjà présent dans *La Nausée*. Il apparaît très nettement dans les dernières pages du roman et plus particulièrement dans deux phrases :

– « Lucide, immobile, déserte, la conscience est posée entre les murs. »

– « Il y a connaissance de la conscience. Elle se voit de part en part, paisible et vide entre les murs, libérée de l'homme qui l'habitait, monstrueuse parce qu'elle n'est personne. »

Ainsi la parenté entre *La Nausée* et *Le Mur* est très étroite. On pourrait même dire qu'elle est patente. Cela est d'autant plus vrai qu'à la fin du roman, Roquentin songe à écrire une histoire dont il dit : « Il faudrait qu'elle soit belle et dure comme de l'acier et qu'elle fasse honte aux gens de leur existence. » Dans une certaine mesure, *Le Mur* ne fait-il pas honte au lecteur par personnages et situations interposés ? Les thèmes de l'impuissance et de l'échec, de la pédérastie, de la mauvaise conscience, de l'enlisement et de l'aliénation, communes aux deux œuvres, la conception d'une écriture romanesque où se mêlent atmosphère et pathologie, comique et tragique, ne peuvent que souligner la continuité, sinon la filiation, existant entre *Le Mur* et *La Nausée*.

Mais les nouvelles annoncent également *Huis clos* par le sens de la mise en scène, par la tension proprement dramatique, par les thèmes de l'autre et du regard, de la néantisation, de la pétrification, par la réflexion sur la culpabilité et la responsabilité. À cet égard, *Le Mur* offre déjà une bonne approche de la notion d'engagement, si importante dans l'œuvre de Sartre.

Des nouvelles « mescaliniennes » ?

Dans une certaine mesure, certaines nouvelles du *Mur* portent l'empreinte de l'expérience « mescalinienne » de Sartre (voir commentaire p. 50). Sartre lui-même prendra soin de préciser : « Le sens profond des troubles névrotiques que j'ai connus cette année-là, ça a été, je crois, la difficulté que j'éprouvais à accepter de passer à l'âge adulte ; c'était une sorte de crise d'identité. »

Il est vrai que *Le Mur* semble bien être l'expression littéraire d'une névrose, digne – comme on l'a vu – de l'expérience d'Antoine Roquentin. Le cortège des mots et des manifestations qui accompagnent la notion de névrose est bien présent dans un recueil où Sartre fait intervenir un témoin médecin (« Le Mur »), où il présente un personnage à la lisière de la folie et du monde « normal », où il affirme un goût pour les marginaux et fait constamment de l'écriture romanesque une **expérience des limites**.

André Rousseaux, en 1939 affirme que « L'auteur de *La Nausée* à le dégoût des hommes ». Il se trompe. Sartre a dépassé la crise d'identité. Il va même la traiter sur le mode pathétique ou ironique dans « Érostrate », dans « Intimité », dans « La Chambre » ou, mieux encore, dans « L'Enfance d'un chef ». Car il ne suffit pas d'appliquer telle étiquette à telle nouvelle (« Biographie d'un salaud », « Voyage aux bords du nihilisme », « Étude de sentimentalité parnassienne ») pour rendre compte de **la complexité du recueil**.

Le parti pris de la provocation

Geneviève Idt, dans une étude remarquable (Le Mur *de Jean-Paul Sartre : technique et contexte d'une provocation*) mettait en avant la notion de provocation sartrienne. En effet, qu'est-ce que *Le Mur*, sinon une provocation ? Provocation pour un ordre bourgeois, pour un moralisme étriqué, pour un humanisme caduc. Moins encore que dans *La Nausée*, Sartre ne ménage son lecteur. Il ne fait grâce de rien, ne lui épargne rien. À tel point qu'on peut parler de parti pris.

L'écrivain y règle des comptes de manière impitoyable. Ainsi le rire final du héros-narrateur dans « Le Mur » est une liquidation pure et simple, un achèvement dans une contingence tragique et absurde. La folie de Pierre renvoie à la menace de la réification : le prénom du « fou » n'est-il pas, étymologiquement, une menace de pétrification (*petrus* : la pierre) ? Plus atroce encore, le personnage anonyme d'« Érostrate », exemplaire dans son anti-humanisme qui va jusqu'à la liquidation « gratuite » de ses semblables, ne dénonce-t-il pas également les thèses gidiennes de « l'acte gratuit » dans *Les Caves du Vatican* ? Enfin le douteux personnage qu'est Lucien Fleurier, « fleuron » des « salauds » sartriens, trouvera sa voie après la pédérastie et l'antisémitisme dans un avenir inquiétant de futur chef qui envisage d'affirmer sa personnalité en portant une moustache... comme Hitler.

Le Mur est bien une provocation, un parti pris d'obscénité et de noirceur (encore conviendrait-il de donner au mot « obscénité » son sens sartrien). Camus qualifia d'ailleurs le recueil de « peinture à la fois éclatante et sans couleurs ». Mais ce parti pris n'est pas gratuit. Il annonce déjà une littérature engagée, une évolution de la conception sartrienne du roman qui fera passer du récit de la crise individuelle, où se croisent fait divers et atmosphère, méditation et narration, à celui d'une interrogation sur les rapports de l'individu avec la collectivité et l'histoire, où le récit hésite entre narration, description, dialogue et monologue intérieur. Provocation, *Le Mur* est également une révocation, ainsi qu'une hésitation, comme toujours chez Sartre, moderne héritier des classiques. Il est également un des jalons majeurs de la réflexion sur l'identité romanesque que l'écrivain ne cessera de poursuivre. C'est sans aucun doute cette ambiguïté, cette identité impossible et provocante, qui donne tout son intérêt et toute sa valeur à un recueil qui est jusqu'alors unique dans l'œuvre narrative de Sartre.

Les Chemins de la liberté

Lorsque Sartre projette ce qui va devenir un cycle romanesque, il ne sait pas encore ce que sera ce projet. Pour l'écrivain, il s'agit, comme le souligne Michel Contat, d'une « forme vide ». Sartre parle simplement d'un « roman », aboutissement logique d'une succession : « *La Nausée*, les nouvelles, le roman ». Dès juillet 1938, il écrit à Simone de Beauvoir : « J'ai trouvé d'un coup le sujet de mon roman, ses proportions et son titre. Juste comme vous le souhaitiez : le sujet, c'est la liberté. » Pour sa part, Simone de Beauvoir précisera que Sartre envisageait déjà des titres : *Lucifer*, pour l'ensemble de l'ouvrage, dont les deux tomes s'intituleraient respectivement *La Révolte* et *Le Serment*.

Le projet va évoluer, Sartre s'interrogeant sur la spécificité du roman, sur sa nature et ses techniques. La lecture – et l'analyse – des *Chemins de la liberté* doivent nécessairement tenir compte de ce questionnement. De même, l'interrogation sur la nature du récit romanesque est inséparable de la dimension morale ou métaphysique. Héritier de Roquentin, le personnage de Mathieu va passer de l'interrogation existentielle à la prise de conscience, puis à l'irruption de l'Histoire et au nécessaire engagement de l'être comme possible conquête de la liberté.

Il ne faut pas oublier que Sartre, romancier de *La Nausée* et nouvelliste du *Mur*, a fait l'expérience de la guerre. Sa sensibilité s'est trouvée changée au contact des hommes qu'il a côtoyés durant sa captivité. Michel Contat parle d'une « socialité fusionnelle ». Il semble bien, en effet, que l'expérience de la captivité ait été déterminante.

Les Chemins de la liberté resteront un cycle inachevé. Si les deux premiers volumes paraissent en 1945 (*L'Âge de raison* et *Le Sursis*), le troisième (*La Mort dans l'âme*) ne paraîtra qu'en 1949. Quant au dernier volume, il restera au stade de projet, pourtant annoncé dès 1945 sous le titre *La Dernière chance*. Seuls deux chapitres parurent en 1949 dans la revue *Les Temps Modernes*, sous le titre *Drôle d'amitié*. Puis en 1982 un fragment fut publié dans la même revue sous le titre « Journal de Mathieu ». Aussi est-il légitime de considérer l'œuvre romanesque de Sartre comme un inachèvement ; George H. Bauer et Michel Contat parleront, quant à eux, « d'échec même à se constituer en œuvre ».

RÉSUMÉ/ DESCRIPTIF

I. *L'Âge de raison* (1945). L'action se passe à Paris en juin 1938. Mathieu Delarue, un professeur de philosophie âgé de trente-quatre ans voudrait faire avorter sa maîtresse, Marcelle. Autour de Mathieu gravitent divers personnages : le jeune Boris, un ancien élève, et sa sœur Ivitch, attirante et déroutante à la fois, la chanteuse Lola, maîtresse vieillissante de Boris, Brunet le communiste et Daniel, amis de Mathieu. Ce dernier est bien conscient de la trop grande place qu'ont prise ses problèmes personnels, au détriment d'autres intérêts, idéologiques ou politiques, qui devraient mobiliser son attention, tels le nazisme et le fascisme. Après avoir vainement essayé de se faire prêter de l'argent par ses amis, puis par son frère, Mathieu profitera de la tentative de suicide de Lola pour lui voler cinq mille francs. Ce geste se révèle inutile puisque Daniel, qui a fait l'expérience de la pédérastie, a compris que Marcelle ne voulait pas avorter mais conserver son enfant. Dans un brusque revirement de mauvaise conscience, il décide alors de l'épouser.

II. *Le Sursis* (1945) élargit le cadre de l'action qui se situe trois mois plus tard, durant la dernière semaine de septembre 1938. Le roman relate les événements qui préparent la guerre : l'invasion de la Tchécoslovaquie, la mobilisation en France et les accords de Munich. Mathieu est mobilisé et retrouve d'autres réservistes, venus de divers horizons socio-professionnels : Maurice, un ouvrier, Gros-Louis, un illettré, Weiss, un juif. Mais le roman s'attache aussi à faire intervenir d'autres personnages encore, tels Gomez, un général espagnol républicain, Anna et Milan, des communistes tchèques, Philippe, un adolescent... Sartre livre un récit où se croisent et s'entremêlent destins et consciences. Le lecteur y retrouve les personnages de *L'Âge de raison*, leurs hésitations et leurs errements, tandis que l'Histoire est en train de se faire, évoquée à travers ses principaux acteurs (Hitler, Mussolini, Daladier, Chamberlain).

III. *La Mort dans l'âme* (1949) se passe en juin 1940. Brunet est fait prisonnier et tente de redonner par la conscience politique une raison de vivre à ses camarades. Mathieu, lui, a découvert la solidarité et la fraternité. Le combat contre les Allemands est enfin un véritable engagement qui donne un sens à son existence. Avec une poignée d'hommes réfugiés en haut d'un clocher, il a reçu la mission suicidaire de retarder l'ennemi. Sans doute est-il destiné à mourir héroïquement. Boris va abandonner Lola et partir pour l'Angleterre où se poursuit la résistance. Ivitch a épousé un homme qu'elle n'aime pas et dont elle a eu un enfant. Daniel retrouve Philippe à Paris...

IV. *Drôle d'amitié* est resté inachevé. Sartre voulait y mettre en valeur le seul engagement susceptible de concilier pensée politique et action : la Résistance.

COMMENTAIRE

Somme, fresque ou symphonie ?

Dans le « Prière d'insérer » pour *L'Âge de raison* et *Le Sursis*, Sartre définissait ainsi son projet : « Mon propos est d'écrire un roman sur la liberté. » Ainsi se trouvait justifié le titre. Mais Sartre apportait, en outre, des précisions significatives, particulièrement précieuses pour l'intelligence de cet ensemble romanesque : « J'ai voulu retracer le chemin qu'ont suivi quelques personnes et quelques groupes sociaux entre 1938 et 1944. Ce chemin les conduira jusqu'à la Libération de Paris, non point peut-être jusqu'à la leur propre. »

C'est bien sous cet angle d'une possible et difficile conquête de la liberté qu'il faut envisager *Les Chemins de la liberté*. Sartre, alors, faisait le projet d'un roman en trois volumes. On a vu qu'il augmenta – ou repoussa – l'achèvement du projet d'un quatrième volume.

Mais le projet du romancier se voulait aussi celui d'**une technique susceptible d'évoluer**, conséquence et traduction d'une évolution de la prise de conscience de ses personnages. « Je n'ai pas cru devoir user partout de la même technique », précisait Sartre. C'est très consciemment qu'il allait user d'une écriture et d'une conception relativement conventionnelles dans *L'Âge de raison*.

Par contre, pour *Le Sursis*, Sartre avouait s'être inspiré des « romanciers de la simultanéité », citant les noms de Dos Passos et de Virginia Woolf.

Comment ne pas songer à une fresque, avec l'ample cadre du *Sursis*, dans cette géographie complexe, physique et mentale, où sont convoqués lieux et consciences multiples ? Évoquant le projet romanesque de Sartre (un « gigantesque et invisible polypier »), qui lui paraît correspondre à un dessein « d'ordre poétique », Geneviève Idt voit dans ces « exercices de la liberté » une « épopée des hommes de mauvaise volonté ». Cela signifie que *Les Chemins de la liberté* ne sont pas une somme romanesque, comme avaient pu en écrire Jules Romains, ou Roger Martin du Gard, mais plutôt une fresque mi-historique, mi-subjective. Car Sartre n'y cherche pas l'objectivité scientifique de l'historien ; il lui substitue la subjectivité du romancier. Pour son œuvre, il reconnaît qu'il a eu recours « au grand écran ». Reste à savoir si la notion de fresque n'est pas trop encombrante pour une telle œuvre. Jeannette Colombel met en garde : « Les romans de Sartre n'en imposent pas, et c'est tant mieux », affirme-t-elle.

Dans le jeu délicat et sans doute vain de la qualification identitaire, pourquoi n'userait-on pas du terme **symphonie** ? Par l'ambition de son architecture, la souplesse de son écriture et son caractère polyphonique, *Les Chemins de la liberté* n'est pas un ensemble indigne de ce rapprochement avec le domaine musical.

De la transcendance autobiographique à la transcendance historique

Dans cet ensemble romanesque, Sartre s'est servi de nombreuses données autobiographiques. *L'Âge de raison* joue beaucoup sur ce registre du « vécu » personnel. Mais cela pourrait aussi être dit des autres volumes, ne serait-ce que par qu'ils représentent une expérience transposée. Mathieu, le professeur de philosophie, la fantasque Ivitch, le jeune Boris, les visites à Marcelle, la ville de Laon, sans parler de l'expérience directe de la guerre... sont autant d'exploitations sans détours de ce que le romancier a vécu.

Mais on peut parler de transcendance autobiographique, car Sartre dépasse la seule exploitation anecdotique pour donner un sens à tel épisode, à telle situation. N'oublions pas que ses héros sont « en situation ». Ainsi les hésitations de Sartre devant l'engagement politique ne sont pas celles de Mathieu. Le philosophe et le romancier ont pris leurs distances.

Par ailleurs, l'histoire personnelle transcendée subit le même traitement que l'Histoire. Avec *Les Chemins de la liberté*, Sartre se propose de montrer comment l'on passe d'une visée individuelle à une visée collective. Parlant du personnage comme individu, Sartre affirme : « Il demeure un point de vue sur le monde, mais il se surprend en voie de généralisation et de dissolution. » Le romancier nous montrera des personnages qui sont autant d'exemples de la confrontation individualiste (celle d'une histoire ou d'une non-histoire personnelle) et collectiviste (celle de l'Histoire comme prise de conscience et nécessaire engagement). À cet égard, le personnage de Mathieu est la parfaite représentation du délicat chassé-croisé entre individualisme et collectivisme. À quelle histoire appartient l'action héroïque ?

Du prospectif au rétrospectif : histoire d'un inachèvement

Le projet de Sartre était d'ordre **prospectif** : le récit des *Chemins de la liberté* s'inscrivait dans une histoire en train de se faire et traduisait la prise de conscience historique des personnages. Mais, bientôt, l'histoire allait rejoindre et dépasser le roman. Celui-ci devenait donc **rétrospectif**, comme le souligne Jeannette Colombel : « Sartre renoncera à *Drôle d'ami-*

tié (qui s'achevait dans le désarroi de Brunet) parce qu'un roman de guerre devenait rétrospectif. » Il n'y a plus de « chemin de la liberté » sur lequel s'engager. La Résistance est entrée dans l'Histoire. Celle-ci a rattrapé puis dépassé le roman. C'est d'ailleurs ce que notait Simone de Beauvoir dans *La Force des choses* : « La guerre était finie. Elle nous restait sur les bras comme un grand cadavre encombrant. »

L'œuvre inachevée est-elle donc ratée ? L'affirmation est d'autant plus périlleuse que Sartre a fini par renoncer à son ensemble romanesque pour des raisons qu'on pourrait qualifier d'existentielles, sinon d'existentialistes. Il faut se contenter de cette identité incomplète, ambiguë, des *Chemins de la liberté*, de cette forme achevée-inachevée du genre bâtard qu'est le roman. Bel aboutissement pour un écrivain qui a cultivé et revendiqué la bâtardise ! *Les Chemins de la liberté* sont peut-être aussi et surtout une fugue, forme où fuient des formes, qui se poursuivent et se répètent, où le contrepoint superpose des identités mouvantes à l'infini.

LE DRAMATURGE

INTRODUCTION

Sartre est venu au théâtre autant par goût que par raison. D'abord philosophe, puis romancier et nouvelliste, il a trouvé à la scène le plus sûr moyen de toucher un vaste public. Ayant subi – comme tant d'autres – l'influence de Charles Dullin dont il fait la connaissance dès 1932 et qui soutiendra son manuscrit « Mélancholia », il donne à la fin de 1942 un cours sur l'histoire du théâtre grec à l'École d'art dramatique que Dullin dirige. Celui-ci avait mis en scène le *Siegfried* de Giraudoux (1933) qui allait faire date dans l'histoire du théâtre.

Si Sartre en captivité s'était déjà essayé au théâtre avec un drame d'inspiration religieuse (*Bariona* ou *Le Fils du tonnerre*), c'est en 1942 qu'il achève *Les Mouches*. Cette première tentative d'un « théâtre de situation », créée en 1943, sera suivie d'autres pièces qui se succèderont à un rythme régulier jusqu'en 1959. *Huis clos* (1944), *Morts sans sépulture* (1946), *La Putain respectueuse* (1946), *Les Mains sales* (1948), *Le Diable et le bon Dieu* (1951), *Kean* (1953), *Nekrassov* (1954), *Les Séquestrés d'Altona* (1959)...

Le théâtre de Sartre, qui a le goût des formules, le sens des dialogues et de l'intrigue, solidement charpenté par une structure rigoureuse, reste accessible à un public somme toute assez large. Mais cette facilité d'accès n'est que relative. La visée philosophique ou politique reste bien présente. Elle a dérangé ou trompé maint spectateur.

Ce théâtre qui aime le discours et la rhétorique est tout aussi capable de puiser aux sources du mythe antique que de trouver un solide ancrage dans l'histoire ancienne ou contemporaine. Malgré quelques audaces d'un langage qui use de la trivialité comme d'un nécessaire dépoussiérage des situations, Sartre reste assez peu novateur au théâtre. De cette manière, sa dramaturgie est proche de celle de Camus.

Quelques lignes de forces peuvent servir de repères commodes et donner une identité sommaire au théâtre sartrien : l'engagement de l'individu, l'interrogation sur le sens de l'action, le rejet du conformisme ou de la frilosité intellectuelle, le problème de la liberté des hommes. En ce sens, ce **théâtre est bel et bien engagé**.

Le dialogue y devient l'espace verbal d'une dialectique dramatisée par le conflit des personnages. La parole dramatique y est capitale parce qu'elle est une prise de conscience et une action tout à la fois.

On fera enfin cette constatation : le théâtre de Sartre n'est connu du grand public que dans ce qu'il a de plus voyant, de plus agressif ou de plus immédiat. On n'en voudra pour preuve que le succès de *Huis clos* trop souvent réduit à une formule trompeuse (« L'enfer, c'est les autres »). Or, le théâtre de Sartre a d'autres ambitions et d'autres mérites. De même, il serait tout aussi injuste de le cantonner au seul rôle d'un théâtre philosophique ou existentiel qui resterait d'ailleurs à définir.

De 1943 à 1965, Sartre a écrit **huit pièces originales** et donné **deux adaptations**. À cette production, à proprement parler dramatique, il conviendrait d'ajouter les **scénarios de films** (en particulier *Les Jeux sont faits* de Jean Delannoy et le *Freud, passion secrète* de Huston que Sartre désavoua parce que son travail avait été trop remanié).

Les Mouches

Première œuvre dramatique de Sartre (si l'on excepte *Bariona*, l'essai dont il a été question plus haut), *Les Mouches* furent conçues dès 1941. Marqué par l'horreur des représailles que causèrent les actions terroristes d'août à octobre 1941, le drame est bel et bien celui de la responsabilité. Dans *Un Théâtre de situation*, Sartre écrira : « Le véritable drame, celui que j'ai voulu écrire, c'est celui du terroriste qui, en descendant des Allemands dans la rue, déclenche l'exécution de cinquante otages. » Publiée en avril 1943, la pièce fut créée au Théâtre de la Cité, dans une mise en scène assez chargée de Charles Dullin, le 3 mai de la même année. La pièce fut mal accueillie, aussi bien par le public que par la critique, trop déroutés par le ton du drame et son orientation nouvelle.

Cependant, avec cette première pièce, Sartre allait en quelque sorte élargir le cercle dans lequel il avait jusqu'alors évolué. Lors de la générale, il rencontra Camus avec lequel il allait se lier d'amitié. Quant à Michel Leiris, il était un des rares à saluer la « grande leçon morale » de la pièce. Peu après, Delannoy proposait à Sartre d'écrire un scénario. Aussi peut-on affirmer, comme le fait Annie Cohen-Solal, que *Les Mouches* sont « une véritable œuvre initiatirice dans la carrière de Sartre dramaturge ».

RÉSUMÉ

Acte I. Accompagné du Pédagogue qui a assuré son éducation, Oreste revient incognito à Argos, la cité du roi Agamemnon, assassiné par sa femme Clytemnestre et son amant Égisthe, quinze ans auparavant. Le mystérieux barbu qui suit les deux hommes depuis le début de leur voyage (et qui n'est autre que Jupiter) leur apporte quelques renseignements. Depuis le meurtre de leur roi, vêtus de noir, les habitants d'Argos vivent dans le souvenir et la mauvaise conscience. Les mouches bourdonnantes qui ont envahi la cité sont le symbole du remords pestilentiel qui les poursuit. Une personne fait exception : c'est Électre, la jeune sœur d'Oreste. Traitée en esclave par Clytemnestre et Égisthe, elle se singularise par sa révolte et sa haine.

Acte II. Lors de la cérémonie des morts que préside Égisthe et où s'exprime une véritable psychose collective, Oreste ne peut se retenir d'insulter celui qui prétend faire paraître Agamemnon. Paraît alors Électre dont la robe blanche, ainsi que les propos qu'elle adresse au peuple, sont une incitation à la révolte. Mais le prodige accompli par Jupiter suffit à stopper net toute velléité d'action. Égisthe chasse Électre de la ville et Oreste décide de rejoindre sa sœur. Il lui dévoile son identité et lui fait part de son projet : délivrer les habitants d'Argos du remords en tuant les véritables coupables, Clytemnestre et Égisthe. Électre verra Égisthe succomber aux coups d'Oreste sans même se défendre ; elle entendra les cris de sa mère assassinée par Oreste.

Acte III. Poursuivis par les mouches – les Érinyes vengeresses prêtes à fondre sur les coupables – le frère et la sœur se sont réfugiés dans le sanctuaire d'Apollon. Électre se désolidarise de l'acte de son frère et, malgré les injonctions de celui-ci, elle se soumet à Jupiter et s'abandonne au remords. Oreste, seul désormais, affranchi du divin, décide de s'adresser à son peuple. Il lui explique qu'en assumant son acte, il a pris sur lui les remords des habitants d'Argos. Il renonce à régner et choisit sa liberté : il quitte Argos, entraînant à sa suite les mouches-Érinyes.

COMMENTAIRE

Giraudoux, Sartre et Camus

Giraudoux, comme tant d'autres dramaturges, s'était déjà inspiré de l'Antiquité. En 1937, il avait donné une *Électre* d'une tonalité particulièrement sombre. Cette tragédie jetait un éclairage cru sur le personnage de la jeune fille intransigeante, implacable parangon de justice et de vérité. Oreste n'y était qu'un personnage happé par la force gravitationnelle de sa sœur.

Giraudoux, malgré la conclusion ambiguë de la pièce, dont on pouvait croire qu'elle laissait place à l'espoir figuré par la métaphore finale de l'aurore, présentait l'atmosphère pesante d'un destin auquel nul ne pouvait échapper. Les personnages semblaient pris dans cette spirale de la fatalité, en dépit d'un contrepoint ironique qui accentuait – plus qu'il ne masquait – le pessimisme de Giraudoux.

Sartre, lui, choisit **un parcours dramatique inverse** : ce n'est plus Électre qui est au centre de la pièce, mais Oreste. Le dramaturge prend ses distances avec les modèles antiques (*Les Choéphores* d'Eschyle ou *Électre* de Sophocle). Il évite, ainsi que le lui a appris Dullin, toute « orgie d'éloquence » si chère aux tragiques grecs. Cela n'empêche pas la connivence avec le public cultivé qui goûtera telle référence ou telle allusion : « les beaux bras parfumés » de Clytemnestre prennent une évidente résonance homérique ; le personnage du pédagogue est un avatar direct de celui du Précepteur dans l'*Électre* de Sophocle. De fait, *Les Mouches* révèlent une connaissance très sûre de l'Antiquité grecque dont l'écho est plus présent que dans l'*Électre* de Giraudoux.

Autre grande différence avec Giraudoux, Sartre propose **une tragédie conquérante** au mouvement dynamique en trois actes. La pièce s'achève sur le dernier acte d'Oreste devenu maître de son destin. Si l'héroïne de Giraudoux se dressait contre des assassins, en personnage digne de l'*hybris** antique, le héros de Sartre se dresse contre le plus puissant des dieux : Jupiter. Les deux héros sont des solitaires ; mais ils ne le sont pas de la même manière, ni pour les mêmes raisons. L'Électre de Giraudoux agit au nom d'un idéal et d'un absolu, jusqu'à en devenir inhumaine. L'Oreste de Sartre agit comme une conscience éveillant les hommes.

Ainsi *Les Mouches* sont moins proches de l'*Électre* de Giraudoux que de l'univers dramatique de Camus dont les personnages sont eux aussi des consciences douloureusement révoltées qui refusent le remords ou le secours du divin (*Caligula* et *Le Malentendu* sont contemporains des *Mouches*).

Un théâtre de situation

Les Mouches illustrent bien les thèses existentialistes et plus précisément la notion de **situation**. Pour Sartre, en effet, l'homme se définit par rapport à une situation, c'est-à-dire par rapport à un contexte qui lui est spécifique et à partir duquel il peut se déterminer.

Si l'on en reste au niveau du mythe – donc de l'intemporel – Électre, comme Oreste, vont devoir se définir par rapport à l'assassinat de leur père. Dès le moment où Oreste accepte de devenir le vengeur de son père, il est **en situation**. Il lui faudra s'engager et endosser une responsabilité au nom du précepte sartrien : « L'homme n'est rien d'autre que ce qu'il se fait. » Oreste se déterminera donc en fonction de la situation qu'il affronte (la vengeance à accomplir) et qu'il aura modifiée par son action (délivrer Argos du remords).

Si l'on essaie de mettre la pièce en situation, le message est clair : face à l'enlisement né d'une mauvaise conscience collective (la défaite de 1940, le régime de Vichy, les rapports avec l'occupant), il ne reste guère qu'une résistance au statut ambigu. Comment peut-on concilier prise de conscience et action ? Comment échapper au découragement ?

Responsabilité, engagement, liberté

Les trois termes sont fondamentaux dans la pensée sartrienne ; ils sont même indissociables. En effet, l'homme qui veut être libre doit s'engager par un acte qui le rend pleinement responsable. Mais cet engagement individuel et salvateur engage également une collectivité. Sartre le souligne dans *L'Existentialisme est un humanisme* trois ans plus tard : « [...] et quand nous disons que l'homme est responsable de lui-même, nous ne voulons pas dire que l'homme est responsable de sa triste individualité mais qu'il est responsable de tous les hommes. » Tout comme Électre a poussé Oreste à s'engager en devenant le bras armé de la vengeance, Oreste appelle son peuple à ouvrir les yeux, à renoncer au remords stérile et trompeur, à s'engager dans la voie d'un désespoir lucide et conquérant. Ce faisant, il pose le délicat problème de la liberté et de la responsabilité des actes.

Heureusement, Oreste refuse de régner sur son peuple et l'incite à trouver sa propre liberté. En ce sens, Sartre propose un personnage qui échappe à l'exercice d'une **tyrannie de la liberté et limite sa responsabilité à un appel à la prise de conscience**.

Une tragédie inversée

Une des particularités les plus sensibles des *Mouches*, c'est de mettre en œuvre une « fatalité retournée ». Au lieu de présenter un héros tragique conventionnel, soumis au poids du destin, Sartre met en scène un personnage qui va **conquérir sa liberté**. Le drame sartrien procède à l'inverse des données habituelles de la tragédie : non seulement Oreste accomplit son acte (« J'ai fait *mon* acte, Électre », II, 8), mais il conquiert sa liberté en se dressant contre Jupiter. « Je *suis* ma liberté », proclame-t-il à la face du dieu devenu impuissant. Mais Oreste va plus loin puisqu'il transforme la prise de conscience en action. Au « J'ai fait mon acte, Électre », déjà évoqué, vient s'ajouter une revendication qui est également une profession de foi : « Je le porterai sur mes épaules comme un passeur d'eau porte les voyageurs, je le ferai passer sur l'autre rive et j'en rendrai compte. »

Même si Jupiter prétend que la prise de conscience n'est qu'un exil, Oreste, affirme que « la vie humaine commence de l'autre côté du désespoir », c'est-à-dire après le renoncement au remords et donc en **pleine conscience**.

Reprenant la conclusion du mythe d'Électre qui fait d'Oreste un coupable poursuivi par les Érinyes, Sartre en subvertit les données et le sens. Oreste libère ses sujets du remords. « Je prends tout sur moi », leur dit-il. Le héros est debout, « *dressé* », devant eux, comme l'indiquent les didascalies. Oreste s'oppose ainsi en tous points à la « coque vide » qu'était Égisthe. Choisissant son destin de « roi sans terre et sans sujets », Oreste appelle sur lui les mouches-Érinyes. **Le héros tragique agit en pleine conscience** et détermine sa liberté ainsi que celle de son peuple.

Le drame de Sartre ne se termine ni sur le désespoir, ni sur la mort, l'échec ou la folie. Oreste est un héros qui affronte le monde ; il refuse la nuit à laquelle il préfère la lumière du jour, si cruelle ou si blessante soit-elle. À une conception **manichéenne*** faisant dépendre l'homme d'un ordre divin, Oreste préfère l'exil volontaire, librement choisi, où il peut affirmer que « tout est à recommencer ».

Oreste-Christ, Oreste-Prométhée

Oreste est-il « une sorte de Christ qui vole les remords », comme l'écrit Mireille Cornud-Peyron (*Les Mouches*, collection « Balises ») ? Il est vrai qu'il porte les remords et les fautes de son peuple, qu'il les charge sur ses épaules, dans un élan rédempteur où il affirme : « ô mes hommes, je vous aime. » « Vos fautes et vos remords, vos angoisses nocturnes, le crime d'Égisthe, tout est à moi, je prends tout sur moi », ajoutera-t-il. Il se charge donc, comme le Christ, des fautes de son peuple.

Cependant cet Oreste-Christ est également proche de Prométhée, le « voleur de feu », révolté, si cher à Camus, qui défie les dieux et invite les hommes à secouer le joug d'un destin absurde. La référence sur laquelle s'achève la pièce est autant d'ordre chrétien que d'ordre païen. Si Oreste libère les hommes marqués par le remords d'une prétendue faute originelle (thème chrétien par excellence), il refuse de se soumettre au divin dont il récuse le pouvoir, tel Prométhée. La conclusion des *Mouches* appartient déjà à l'existentialisme athée, même si elle utilise des thèmes chrétiens qui sont fréquents dans l'œuvre de Sartre.

Huis clos

De toutes les pièces de Sartre, *Huis clos* est la plus connue. On devrait même dire qu'elle est son « classique » ; certains affirment qu'elle est sa plus grande réussite. Écrite en quelques jours, alors que Sartre est en train de rédiger *Le Sursis*, la pièce s'intitule d'abord « Les Autres ». Camus se voit proposer la mise en scène de la pièce ainsi que le rôle de Garcin. Mais ce projet finit par être abandonné. *Huis clos* est créé le 27 mai 1944 au théâtre du Vieux-Colombier dans une mise en scène de Raymond Rouleau. La pièce choque, séduit, fascine ou agace... elle ne laisse pas indifférent. Les détracteurs collaborationnistes y voient un théâtre pour « une troupe menue de jeunes gens et de vieillards impuissants » ; les admirateurs affirment que « Jean-Paul Sartre est certainement depuis Anouilh le plus grand événement du jeune théâtre français ». Avec *Huis clos*, Sartre, même encore mal compris, accède au grand public. La pièce sera reprise de nombreuses fois, adaptée au cinéma en 1954 par Jacqueline Audry, puis à la télévision en 1965. Elle est entrée au répertoire de la Comédie-Française en 1990.

RÉSUMÉ

Un garçon d'étage introduit dans un « *salon style Second Empire* » un homme, Garcin, qui manifeste son étonnement devant l'absence d'instruments de torture qu'il s'attendait à trouver. Il vient en effet d'arriver en enfer. Voulant regarder la situation en face, il découvre qu'il est dorénavant privé de paupières et donc condamné à une « vie sans coupure » où jour et nuit se confondent (scène I).

Après un moment de désespoir né de sa solitude angoissée (scène II), Garcin voit entrer une jeune femme qui le prend pour le bourreau et se présente sous le nom d'Inès (scène III).

Arrive alors une autre femme, jeune et jolie, Estelle, qui semble très préoccupée de respecter le code social et les mondanités (scène IV).

Les trois personnages restés seuls font plus ample connaissance. Ils s'interrogent sur les raisons de leur réunion, alors qu'ils sont étrangers les uns aux autres. Qu'y a-t-il de commun entre Garcin le journaliste, Inès l'employée des Postes et Estelle, la mondaine ? C'est Inès, la première, qui pousse ses compagnons à révéler la faute qui les a amenés en enfer. Elle leur révèle son intuition : « le bourreau, c'est chacun de nous pour les deux autres. » Garcin cherche alors à se réfugier dans le silence, tandis qu'Inès tente de séduire Estelle qui lui préfère Garcin. Chacun, devant le regard des autres, va devoir avouer qui il est véritablement. Garcin, le journaliste pacifiste, est un lâche, fusillé pour désertion ; Inès est une lesbienne ; Estelle une infanticide monstrueuse. Face au regard de l'autre, chacun est coupable. Aucun couple ne peut se former, ni celui de Garcin et d'Estelle, ni celui d'Estelle et d'Inès. Garcin choisit d'être englouti dans les tourments physiques de l'enfer. Mais, lorsque la porte s'ouvre, il recule et refuse de s'en aller, tout comme ses compagnes, effrayées par cette perspective inconnue qui s'offre à elles. Tous trois vont rester seuls à jamais, dans cette déchirante prise de conscience : « L'enfer, c'est les autres ». Il reste donc à vivre cette éternité que résume la dérisoire et terrible réplique finale : « Eh bien, continuons » (scène V).

COMMENTAIRE

Une dramaturgie conventionnelle ?

Un regard superficiel porté sur *Huis clos* peut laisser croire à une pièce conventionnelle, par le respect du découpage en scènes, par la présence d'un dialogue entre des personnages appartenant au théâtre bourgeois dont Sartre est l'héritier. Il est vrai que bien des aspects de la théâtralité de *Huis clos* portent le poids d'une tradition dramatique. Mais les réactions du public « bien-pensant » suffisent à prouver combien *Huis clos* peut aussi être perçu comme une subversion, voire une provocation.

– **Les personnages** appartiennent à une humanité particulièrement douteuse : un lâche, une infanticide, une lesbienne. Mais, au-delà de la volonté bien réelle de choquer, par cette réunion d'êtres contraires à la morale sociale, il y a celle qui consiste à refuser le réalisme psychologique ou à justifier tel ou tel choix. Les personnages se présentent au spectateur comme des évidences dramatiques qui parlent et agissent. Vouloir analyser le « caractère » de ces personnages serait aller à contre-sens du projet sartrien.

– **Le langage** révèle un goût certain pour le discours. Les répliques d'une certaine ampleur ne sont pas rares. Elles usent volontiers de formules-choc ou de formules-clés (« je ne suis pas un mort de bonne compagnie » ; « Le bourreau, c'est chacun de nous pour les deux autres » ; « L'enfer, c'est les autres »). En outre, ce langage se veut proche du quotidien, du banal. Il utilise un vocabulaire vulgaire ou trivial (« Tu te frottais contre lui » ; « Il s'est enfui ton gros chéri » ; « Moi, je me foutais de l'argent ») ou une syntaxe qui appartient au langage populaire (« et ça te cassait bras et jambes »).

– **Le dialogue** s'en trouve plus heurté, plus complexe, plus proche de la réalité d'une situation à laquelle Sartre veut confronter spectateurs et personnages. Il évitera ainsi les pièges de l'abstraction inhérents à un discours trop philosophique ou trop allégorique. Le passage du vouvoiement au tutoiement souligne bien cette volonté d'aller à l'essentiel, de révéler une vérité sans artifices ni illusions.

– **Le décor** est une parodie significative du théâtre bourgeois, des décors chers au **vaudeville***. Pierre Brisson qualifie *Huis clos* de « demi-vaudeville ». En outre ce « *salon style Second Empire* » permet un remarquable décalage entre la représentation conventionnelle de l'enfer et sa représentation sartrienne. Les objets, dérisoires, sont vidés de leur sens, car privés de leur fonction (la sonnette ne fonctionne pas, le coupe-papier ne peut tuer une morte). Les objets sont l'expression dramatique de l'*en-soi**, l'état des choses fermées sur elles-mêmes.

Espace et temps

Dans *Huis clos*, ces données prennent une grande importance, en raison de la particularité du lieu (l'enfer) et du temps (l'éternité).

– **L'espace** est un lieu physique, matérialisé, comme on l'a vu, par des éléments de décor et des objets. À l'acte unique de la pièce, correspond, en parfaite logique, un lieu unique et impersonnel, comme le sont toutes les chambres d'hôtel (référence imposée par la présence du garçon d'étage) qui renforce l'idée d'emprisonnement. Cet enfer est aussi le lieu d'une condamnation sans appel où il n'y a pas de confrontation avec soi-même (absence de miroir) et où la confrontation avec le regard des autres est inévitable (les yeux sont dépourvus de paupières). Ce « huis clos » aux évidentes résonances juridiques se ferme progressivement et définitivement sur lui-même. Les uns après les autres, les personnages finissent par ne plus avoir de perception visuelle ou auditive du monde qu'ils ont quitté. Au « J'en ai fini avec la terre » d'Inès fait écho la constatation similaire d'Estelle : « La terre m'a quittée. » Dernière étape de cette fermeture, le repliement dans cet espace auquel chacun se résout, par peur de l'inconnu. Lorsque la porte s'ouvre enfin, personne ne choisit de partir. L'espace physique est devenu un espace mental. **De la prison, l'on est passé à l'aliénation**.

– **Le temps** est étroitement lié à l'espace, par la signification qu'il prend. L'intemporalité du drame est renforcée par la structure. Dans cet acte unique, le temps s'écoule de manière dérisoire pendant les 17 pages des quatre premières scènes pour se figer définitivement dans les 66 pages de la scène v. Au rétrécissement de l'espace va inversement correspondre un élargissement de la temporalité. Plus exactement le temps devient **une durée indéfinie** qui n'a plus rien à voir avec le temps humain. D'ailleurs, les yeux sans paupières des personnages obligent à confondre jour et nuit dans une même durée. Garcin prend conscience de cette situation qu'il va devoir affronter « Les yeux ouverts. Pour toujours », c'est-à-dire une douloureuse éternité. À la fin de la pièce, Inès, Estelle et Garcin feront de nouveau cette même constatation en reprenant tour à tour la même formule « Pour toujours ». Cela permet à Sartre d'« inachever » son drame sur une conclusion indéfinie (« Eh bien, continuons »).

Le triangle dramatique, une donnée fondamentale

Situation largement exploitée au théâtre, aussi bien dans la comédie légère que dans la tragédie, le triangle dramatique permet de multiples approches. Pour *Huis clos*, Sartre s'est inspiré d'une situation vécue : celle du trio affectif qui avait vainement tenté de faire coexister Simone de Beauvoir, Olga Kosakiewicz et Sartre lui-même. On voit aisément à quel point *Huis clos* est **la stylisation et la transposition scénique d'une réalité.**

Mais la pièce utilise surtout de manière extrêmement judicieuse, sinon exemplaire, le triangle dramatique comme forme minimale la plus représentative des relations fondées sur l'exclusion, le conflit ou l'impossible compromis. Si le duo peut sembler la forme même du conflit par le jeu de l'opposition directe, il est également la figure possible d'une entente ou d'un couple. Avec le triangle, rien de tel, comme le démontre *Huis clos*.

Remarquons tout d'abord que le motif du triangle dramatique appartient au passé des personnages : Garcin vivait avec sa maîtresse et sa femme ; Estelle entre son mari et son amant ; Inès s'est immiscée dans un couple qu'elle a détruit. Châtiment logique : en enfer, aucun couple ne peut se former, aucune entente ne peut exister entre deux sommets du triangle, sans nécessairement exclure le troisième. Ainsi le couple potentiel Estelle/Inès exclut Garcin, tout comme le couple Garcin/Estelle exclut Inès. Pour exister, le couple doit se soustraire au regard de l'*autre* qui le transforme en objet. Mais l'isolement est impossible, tout autant que l'indifférence, de qui regarde ou est regardé. L'échec du couple amoureux, quelle qu'en soit la nature, est inévitable. De la tentative impuissante du silence à celle du meurtre, la forme paroxystique du triangle passionnel, les relations des personnages sont condamnées à un conflit perpétuel.

Une pièce de philosophe ?

Venant un an après *L'Être et le Néant*, *Huis clos* est nécessairement placé sous l'influence directe de ce magistral traité philosophique. En ce sens, la pièce ne peut se lire indépendamment des conceptions philosophiques de Sartre. On y trouve donc l'application dramatique des théories de l'*en-soi** et du *pour-soi**, l'illustration du concept d'angoisse, la dénonciation de la mauvaise foi, la réflexion sur l'amour, la haine, l'indifférence...

Ce que démontre *Huis clos*, c'est l'impossibilité de la liberté, l'impuissance des personnages, déterminés par leurs actes antécédents, incapables d'agir et de pouvoir ainsi dépasser cette situation de séquestration et d'aliénation. *Huis clos* est un drame du *pour-soi* condamné à n'être qu'un *en-soi* enfermé dans une contingence éternelle, une **tragédie de l'impossible transcendance**.

Mais la pièce de Sartre autorise également une lecture de type historique, compte tenu du contexte dans lequel elle a été créée. Par-delà l'interrogation sur la mauvaise conscience, surtout accessible à un lecteur de 1944, elle oblige le lecteur contemporain à s'interroger sur ses engagements qui, seuls, déterminent l'être. En ce sens, *Huis clos* est un drame de l'existentialisme, une **fable tragique** qui met en scène une réalité accomplie avilissante.

Morts sans sépulture

La pièce, mettant en scène des miliciens tortionnaires et des résistants torturés, s'inspirait d'événements trop réels et trop proches sans doute de ceux qu'avaient vécus les spectateurs de l'immédiat après-guerre, pour ne pas nuire au dramaturge. Créée le 8 novembre 1946, au Théâtre Antoine, *Morts sans sépulture* choqua par la violence de son propos. Sartre dut supprimer certains passages et faire précéder la représentation d'un avertissement aux spectateurs. Trop directement démonstrative et trop crue, la pièce agissait à la manière d'un électrochoc et faisait trop violence à des spectateurs encore traumatisés par les exactions de la guerre.

RÉSUMÉ

Des maquisards, trois hommes, une femme et son jeune frère, ont été arrêtés, à la suite de l'échec de leur mission. Seul leur chef a pu s'échapper. Ils attendent d'être interrogés par les miliciens et savent qu'ils seront torturés. Comment vont-ils se comporter, devant la souffrance ? telle est la question lancinante qu'ils se posent. Le premier, Sorbier, est emmené. Peu après, on entend ses hurlements. Arrive alors Jean, le chef des maquisards, arrêté par une patrouille, mais dont les miliciens ignorent la véritable identité. Après le retour de Sorbier, c'est à Canoris puis à Henri d'être emmenés. Jean se trouve ainsi dans la position insoutenable de témoin et de responsable impuissant (premier tableau).

Les trois miliciens se tiennent dans une salle d'école. Ils font entrer Henri et se comportent en bourreaux sadiques, mêlant interrogatoire et torture. Malgré la souffrance, Henri réussit à ne pas parler. Sorbier, qu'on a amené pour lui faire subir un nouvel interrogatoire, réussit à tromper les miliciens et se jette par la fenêtre. Il meurt sur le coup (second tableau).

Lucie a été violentée par les miliciens et lorsqu'enfin elle revient, Jean ne peut que constater à quel point elle a changé. Elle non plus n'a pas parlé. François menace de tout révéler aux miliciens. Alors, devant ce risque certain, ses compagnons étranglent l'adolescent pour sauver la vie d'autres résistants. Ils dénient à Jean le droit de les juger. D'ailleurs, on vient chercher celui-ci. Il va vraisemblablement être relâché (troisième tableau).

Les miliciens découvrent la mort de François. Ils veulent que les résistants parlent. Confrontés à leurs tortionnaires, Lucie, Canoris et Henri font bloc. Ils en arrivent même à défier les miliciens lorsque ces derniers leur promettent la vie sauve s'ils parlent. Restés seuls, les résistants envisagent un marché de dupes, où ils livreront une fausse information. Le choix qui leur reste à faire est celui de la vie. Ils livrent donc la cachette de leur chef mais sont exécutés par surprise, alors même qu'ils pensent avoir gagné la partie (quatrième tableau).

COMMENTAIRE

Un drame sans distanciation

La caractéristique la plus frappante de la pièce est sans aucun doute sa violence, son agressivité scénique, verbale et gestuelle. Pour traiter de la torture, Sartre a choisi une dramatisation forte, sans stylisation, sans distanciation. Le spectateur est amené à assister en direct à des scènes d'un réalisme trop cru pour ne pas être gênant. Ainsi la force d'émotion est-elle trop grande pour permettre la réflexion. Ceci est d'autant plus vrai qu'il y a une sorte de **crescendo dans la violence scénique**. D'abord, on entend des cris qui viennent se superposer à la musique (qui est déjà une dramatisation), puis on assiste à des scènes de torture, à une défenestration, à une strangulation.

On pourrait croire que ce théâtre cherche à ne rien épargner au spectateur, à le mettre en état de choc. D'ailleurs, on remarquera à quel point le personnage de Jean, voyeur impuissant, se trouve proche du statut du spectateur.

L'historicité trop directement présente, trop indiscrète, donne à la pièce les allures d'un document si vrai qu'il en devient parfois insoutenable parce qu'il ressemble à un règlement de comptes. À cet égard, l'historicité tout aussi marquée des *Séquestrés d'Altona* sera mieux utilisée, peut-être en raison de la distance plus grande que Sartre aura prise avec la guerre.

Bourreaux et victimes

Cependant, au-delà de son caractère traumatisant de **drame de la violence**, *Morts sans sépulture* propose une analyse intéressante des rapports entre victimes et bourreaux. Une certaine hiérarchie régit l'un ou l'autre camp. Dans un camp comme dans l'autre, on retrouve la même interrogation typiquement sartrienne sur l'engagement et la situation. À l'interrogation sur les actions passées ou présentes des maquisards, source d'une mauvaise conscience, répond celle des miliciens. Les différentes individualités, présentes d'un côté et de l'autre, permettent des comparaisons entre les attitudes mentales, d'un groupe à un autre ou à l'intérieur d'un même groupe.

Ce sont plus particulièrement les rapports entre torturés et tortionnaires qui sont dignes d'intérêt. Jean, le chef des résistants, servira de témoin visuel, de mesure donc, à cette transformation. En effet, le groupe des torturés subit un net processus de déshumanisation, au fur et à mesure de l'expérience traumatisante que leur fait vivre la torture. Le point culminant sera l'assassinat du jeune François. En même temps, le groupe des tortionnaires évolue dans le sens d'une fragilisation, d'une incertitude, voire d'une mauvaise conscience.

Enfin, on remarquera que ces deux groupes sont étroitement dépendants l'un de l'autre, chacun obéissant à sa fonction de bourreau ou de victime. Après le départ de Jean, le quatrième tableau réunit deux trios dramatiques dont l'un doit vaincre l'autre. L'affrontement se transforme en lutte d'influence, en un **duel ultime de l'obstination et de l'acharnement** comme seule justification de l'existence. Il reste à se demander si ce débat plus existentiel que politique, au dénouement tragique, n'oblige pas à s'interroger autant sur l'identité de victime que sur celle de bourreau.

La Putain respectueuse

Inspirée par les séjours que Sartre fit en Amérique en 1945, cette pièce fut écrite en quelques jours, pendant l'été 1946, car *La Putain respectueuse* servait de « lever de rideau » à *Morts sans sépulture*. Pour la première fois, Sartre abordait au théâtre un problème d'ordre social. Le titre fit scandale auprès des bien-pensants et fut même censuré. Il devint *La P... respectueuse* sur l'intervention d'un député. Créée au Théâtre Antoine, le 8 novembre 1946, avec *Morts sans sépulture*, la pièce fut assez bien accueillie. Le terme « respectueuse » finira par désigner une prostituée. En outre, *La P... respectueuse* fut adaptée au cinéma en 1952 par Marcel Pagliero et Charles Brabant.

RÉSUMÉ

Dans une ville du Sud américain, Lizzie, une prostituée qui vient de s'installer, reçoit la visite d'un Noir qui lui demande asile et protection. Il est poursuivi par des Blancs qui veulent le tuer. Mais Lizzie, qui le sait pourtant innocent, refuse de le cacher et le met à la porte. Elle se retrouve seule avec Fred, son client, avec lequel elle évoque les souvenirs de la nuit précédente. Fred lui apprend qu'il est le fils du sénateur Clarke.

Il a été chargé d'une mission : lui faire dire qu'elle a été violée par un « nègre » dans le train. Mais Lizzie s'en tient à sa stricte connaissance des faits et refuse de se laisser acheter pour un faux témoignage. Menacée par un chantage policier, elle refuse de signer le papier qu'on lui tend. Le sénateur Clarke fait alors son entrée. Il procède différemment et tâche de gagner la confiance de Lizzie, mêlant discours politique et discours moral. Cédant à la pression, véritable intoxication mentale qu'il exerce sur elle, Lizzie finit par signer, non sans avoir conscience d'avoir été « roulée » (premier tableau).

Lizzie, qui reçoit la visite du Sénateur venu la remercier, mesure toute la portée de son acte et son erreur. Le Sénateur parti, elle voit entrer de nouveau le Nègre qu'on cherche activement. Celui-ci demande à Lizzie pourquoi elle l'a accusé alors qu'il est innocent. Lizzie se déclare prête à démentir cet aveu. Mais les poursuivants du Nègre arrivent. La jeune femme s'interroge : va-t-elle devoir livrer celui qu'elle sait innocent ? Pour l'heure, elle doit le cacher car voilà Fred. Le jeune homme, passablement excité, vient lui faire l'aveu de sa passion, véritable obnubilation dont il ne peut se délivrer. Soudain, il entend du bruit et découvre le Nègre. Il le poursuit et l'abat. Lorsqu'il revient, il se trouve face à Lizzie, décidée à venger l'innocent. La détermination de la jeune femme tombe peu à peu en entendant Fred lui parler de toutes les valeurs qu'il incarne et lui présenter un avenir stable (deuxième tableau).

COMMENTAIRE

La mise à mort de l'idéalisme

Dans ce drame, Sartre signe la mise à mort de toute forme d'idéalisme. Ni les personnages de Fred, héritier médiocre d'une idéologie condamnable, ni celui du Sénateur, dont les visées pragmatiques sont essentiellement politiques, ne peuvent être vus comme les représentants d'un véritable idéalisme, si restreint soit-il. Même le personnage de Lizzie, la prostituée généreuse, est victime de cet ordre social, fondé sur un nationalisme étroit, sur un racisme primaire et brutal, sur une soumission à des préjugés et à des prétendus droits. Dans *La*

Putain respectueuse, l'argent est constamment présent, qu'il s'agisse d'acheter les corps ou les consciences. En définitive, Fred, les policiers ou le Sénateur usent des mêmes moyens, obéissent à des mobiles aussi douteux.

La mise en scène d'une réalité vulgaire (une prostituée fraîchement arrivée se constituant une clientèle) souligne à l'évidence ce mélange de données matérialistes. Lizzie qui passe l'aspirateur au début de la pièce nous apparaît sous les traits d'une bonne ménagère, soucieuse de ne pas s'attirer d'ennuis. À l'aspirateur, succédera la perspective conclusive d'une vie rangée qui met à disposition d'un homme une prostituée. Lizzie va devenir en quelque sorte la maîtresse légale de Fred. La dernière réplique « Allons, tout est rentré dans l'ordre » est la dénonciation bien pessimiste de **l'installation dans un ordre matérialiste**.

Drame des parias et drame des ruptures

La Putain respectueuse est d'abord un drame des parias. Parias, Lizzie et le Nègre le sont. La première vit plus ou moins bien acceptée par la société. Les réactions de Fred ou des policiers à son égard sont révélatrices. En outre, Lizzie vient du Nord. Étrangère à la ville, elle pourra d'autant mieux en traduire les mœurs étonnantes, en particulier le racisme exacerbé. Le second paria, c'est bien sûr le Nègre, personnage dont l'anonymat renforce la mise au ban de la société. Cela est d'autant plus vrai qu'il est poursuivi par les Blancs de la ville. Aussi sont-ils nécessairement amenés à se rencontrer, condamnés tous deux à la même impuissance. « Nous sommes coincés », dira fort judicieusement Lizzie.

Ce drame des parias est aussi celui de la rupture, thème dont les manifestations sont nombreuses. Ainsi Lizzie qui a quitté le Nord à cause d'« ennuis » en retrouve d'autres dans le Sud. De même, il y a rupture entre sa détermination sympathique de défendre celui qui est innocent et la signature qu'on finit par lui arracher (la rupture est d'ailleurs soulignée par l'expression de la prise de conscience à la fin du premier tableau). Rupture encore entre le caractère nécessairement vénal de son métier et la gratuité qu'elle veut accorder à Fred. Rupture également entre son expérience de prostituée et le plaisir qu'elle avoue avoir pris avec lui. Rupture flagrante enfin dans le rapport social entre une majorité raciale opprimée (20 000 Noirs) et une minorité d'oppresseurs (17 000 Blancs). Et que penser de Fred, dérisoire dominateur qui finit par avouer sa dépendance sexuelle ?

L'ordre des « salauds »

Le terme de « salaud » est fréquent dans l'œuvre de Sartre. Il désigne ceux qui se laissent dominer par la mauvaise foi, dont la conscience et les actes sont soumis à de fausses valeurs. De ce point de vue, l'intrigue de *La Putain respectueuse* fait la démonstration claire de ce qu'est un univers de « salauds ». L'intervention du Sénateur est la démonstration exemplaire d'une intoxication mentale efficace qui aliène la libre volonté de Lizzie. Le plus terrible, c'est que cet ordre fonctionne à merveille, y compris auprès des victimes. Car le Nègre en avouant : « Je ne peux pas tirer sur des blancs », se soumet à cet ordre. Quant à Lizzie, elle se fait l'écho aliéné des propos du Sénateur lorsqu'elle dit : « Tout de même, une ville entière, ça ne peut pas avoir complètement tort. » Fred, le fils direct de cet ordre des « salauds », prononce une terrible phrase parce qu'elle est la négation même de toute justice : « Coupable ou non, tu ne peux pas faire punir un type de ta race. » La structure de la pièce, qui déséquilibre nettement les deux tableaux et accélère le mouvement dramatique, court à une conclusion inévitable : Lizzie a rejoint le monde des « salauds ». Pire, elle appartient à leur ordre, en devenant un objet sexuel privé.

Les Mains sales

Écrite juste avant la guerre froide, cette pièce témoigne d'une évolution sensible du théâtre de Sartre vers des préoccupations politiques. Créée le 2 avril 1948 au Théâtre Antoine, avec André Luguet dans le rôle d'Hoederer et François Périer dans celui d'Hugo, *Les Mains sales* connurent un très grand succès.

Cependant, la pièce déclencha une vive réaction des communistes, tant en France qu'en U.R.S.S. Sartre fut même qualifié d'« hyène stylographe ».

RÉSUMÉ

Tableau 1. L'action se passe en 1945 dans un pays imaginaire, l'Illyrie. Hugo, libéré par anticipation, après deux ans de prison, retrouve Olga, une jeune femme qui appartient au même parti que lui. Ayant été l'assassin d'Hoederer, un dirigeant politique, il sait trop de choses. Aussi ses anciens camarades veulent-ils se débarrasser de lui. Pourtant Olga estime qu'Hugo est peut-être « récupérable ». Elle obtient de ses camarades un sursis pour faire raconter au jeune homme ce qui s'est passé depuis mars 1943.

Tableau 2. Le spectateur est ramené deux ans en arrière, chez Olga. Hugo, employé comme journaliste pour le parti, ne rêve que d'action. Sur les instances d'Olga, Louis, le chef du groupe, consent à le charger d'une mission : supprimer Hoederer, le dirigeant d'un autre groupe, qui veut faire alliance avec les fascistes et les modérés, et qu'on accuse d'être un traître. Hugo va donc être envoyé comme secrétaire d'Hoederer, afin de gagner sa confiance et de le tuer.

Tableau 3. Hugo et sa jeune femme, Jessica, sont en train d'emménager chez Hoederer. Le jeune homme n'est pas pris au sérieux par sa femme, ni par les gardes du corps d'Hoederer pour lesquels il n'est qu'un intellectuel, un « gosse de riches ». Les choses se gâtent lorsqu'ils veulent fouiller la chambre. Il faut l'intervention de Hoederer pour calmer les esprits. Heureusement, Jessica a réussi à dissimuler le revolver d'Hugo.

Tableau 4. Dix jours se sont écoulés. Hugo n'a pas encore réussi à trouver une occasion lui permettant de remplir sa mission. Karsky et le Prince, les représentants des deux autres forces politiques d'Illyrie, sont venus proposer une alliance à Hoederer. En découvrant qu'il s'agit de réaliser une union pour se partager le pouvoir après la guerre, Hugo réagit violemment. Mais l'explosion d'une bombe coupe court à son intervention. Tout le monde est indemne. L'entretien va se poursuivre sans Hugo qui vient de prendre brutalement conscience que le Parti a agi sans lui. Désespéré, il se met à boire et à tenir des propos troublants que Jessica réussit à mettre au compte de l'ivresse.

Tableau 5. Hugo est couché. Olga fait son entrée. C'est elle qui a lancé la bombe. Elle est venue dire à Hugo qu'il devait agir s'il ne voulait pas passer pour un traître. Olga partie, Jessica commence à voir Hugo sous un autre jour. Sans doute va-t-il tuer Hoederer. Comment peut-elle choisir entre ces deux hommes ? L'arrivée d'Hoederer fournit à Jessica l'occasion unique : obliger les deux hommes à s'expliquer. La discussion est âpre ; les positions sont diamétralement opposées ; le ton monte et Hoederer finit par dire son fait à Hugo. Hoederer parti, Hugo refuse d'admettre que cet homme l'a convaincu : il le tuera le lendemain.

Tableau 6. Hoederer reçoit la visite de Jessica. Il lui avoue qu'il sait parfaitement qu'Hugo veut le tuer. Jessica confirme. Ce qu'elle veut, c'est sauver Hugo, tout en l'empêchant de réussir sa mission. Hoederer accepte alors de parler au jeune homme et de courir le risque d'être tué. Durant cette entrevue, il va jusqu'à tourner le dos à Hugo. Mais ce dernier ne peut tirer. Hugo parti, entre Jessica qui dit son admiration à Hoederer et s'offre à lui. Mais Hugo revient et les surprend dans les bras l'un de l'autre. Persuadé qu'Hoederer s'est moqué de lui, il le tue.

Tableau 7. Le spectateur est ramené au premier tableau, deux ans après les événements dont il vient d'être question. Olga interroge Hugo sur les raisons de son acte car elle pense qu'il est « récupérable » et qu'il va pouvoir s'adapter à la nouvelle ligne du Parti. En effet, ceux-là même qui voulaient assassiner Hoederer ont adopté sa politique. Désespéré, Hugo préfère mourir pour garder un sens à son acte et refuse l'aide d'Olga. Lorsqu'arrivent les hommes du Parti, il leur ouvre lui-même en criant qu'il est « non récupérable »...

COMMENTAIRE

Engagement et objectivité

Tels sont les termes contradictoires qui s'appliquent à cette pièce qui, se plaçant sur le terrain d'une historicité à peine déguisée (l'Illyrie masque difficilement la Hongrie), s'efforce cependant de laisser un libre arbitre au spectateur. Si Sartre finira par avouer sa préférence pour Hoederer, Hugo est trop attachant pour ne pas autoriser une hésitation entre les deux positions d'une conscience exigeante et d'un réalisme politique.

La structure même du drame correspond à cette volonté d'une **mise en scène objective** qui autorise le choix affectif ou idéologique. Le spectateur est sensible à ce retour en arrière, opéré entre le second et le sixième tableau, qui est autant d'ordre historique (l'analyse d'un acte) qu'affectif (différents personnages respectables ou attachants). Sartre ira jusqu'à présenter les thèses en présence sous un jour objectif, laissant la parole à des personnages confrontés à une situation qui oblige à l'analyse. Même des rôles secondaires, comme ceux des gardes du corps, Georges et Slick, s'avèrent capables de cette objectivité.

Aucune condamnation, aucune exclusion explicites donc, dans cette pièce, à l'exception des « salauds », comme toujours dans l'œuvre de Sartre. *Les Mains sales* y gagnent en force dramatique, en impact idéologique. À preuve, l'accueil que lui fit, et que continue de lui faire, un très large public.

Des personnages bien campés

Le théâtre de Sartre est rarement peuplé d'un grand nombre de personnages. *Les Mains sales* n'échappent pas à cette règle et visent à l'efficacité. Ainsi le spectateur aura sous les yeux une variété suffisante d'attitudes et d'idéologies. Sartre limite les rôles secondaires au strict nécessaire : Slick et Georges, les gardes du corps d'Hoederer ; Frantz et Charles, les hommes de main de Louis. Les autres personnages obéissent à une hiérarchie cohérente, politique et dramatique.

Karsky et **le Prince**, représentants plénipotentiaires des deux idéologies opposées au Parti, ont été sommairement différenciés par le dramaturge. Le premier est un nationaliste sincère, pur et intransigeant. Le second est un conservateur fasciste, d'un grand opportunisme politique.

Louis est le chef du P.A.C., tendance minoritaire au sein du Parti Prolétarien. Il représente une idéologie intransigeante qui considère Hoederer comme un traître. Intelligent et réaliste, il vit dans le présent, mais est capable d'analyser hommes et situations.

Olga est une militante active, parfaite illustration d'une conscience politique mûre et humaine. Selon Hugo elle est « Si pure, si nette ». Froide et distante au début de la pièce, elle est profondément attachée à Hugo. Se voulant « femme de tête », elle s'oppose en tous points à Jessica. Si Olga est amoureuse, elle ne se laisse jamais dominer par ses sentiments, plaçant l'idéologie au-dessus de tout.

Jessica est un personnage qui ne manque pas d'intérêt. C'est une jeune femme issue de la bourgeoisie à qui l'on n'a enseigné qu'à « mettre des fleurs dans les vases ». Féminine et provocante, elle joue en permanence un rôle. Avec Hugo, elle joue à l'amour, souffrant et faisant souffrir, comme incapable de vivre dans l'authenticité. Le drame de Jessica, c'est que sa conscience se réveille trop tard, à un moment où également attachée à Hugo et à Hoederer, il lui faut « choisir entre un suicide et un assassinat ».

Hugo est digne des héros romantiques (la référence de son nom est à elle seule un aveu !). Il doit beaucoup à Lorenzaccio par sa jeunesse, par son désespoir et ses doutes, par sa conscience aiguë d'être un « déclassé », par sa volonté d'agir, mais aussi par sa solitude. Jeune bourgeois en rupture de classe, il est « un gosse de riches » en quête de valeurs authentiques. S'il a épousé la cause des prolétaires, s'il a renié ses origines et s'affirme indifférent à son père, il est le mari d'une jeune femme qui lui permet de vivre sans soucis pécuniaires. Sa valise contient les photos de l'enfance bourgeoise avec laquelle le révolutionnaire n'a pu encore rompre totalement. Mais l'engagement d'Hugo est sincère, ses doutes, comme son idéalisme exigeant, en sont la meilleure preuve. Intellectuel, il rêve d'action, mais il est d'abord un journaliste ou un secrétaire, qualifié de bavard, d'anarchiste aimant les principes plus que les hommes. Pourtant Hugo mourra, en désespéré enfin réconcilié avec lui-même.

Hoederer est le personnage auquel vont les sympathies de Sartre. Il est **l'homme en situation**. Ainsi, lorsqu'il dit à Hugo : « La jeunesse, je ne sais pas ce que c'est : je suis passé directement de l'enfance à l'âge d'homme », il s'affirme comme l'exact opposé du romantique Hugo. Non seulement Hoederer est pragmatique, tourné vers le concret, vers les hommes, mais il est aussi remarquable par son sens politique, par son aptitude à la prospective. Sartre s'est complu à semer de multiples répliques ou phrases qui sont autant de déclarations où le personnage se définit lui-même. Hugo déclarant « Tout ce qu'il touche a l'air vrai » ou Jessica affirmant « il suffit qu'il ouvre la bouche pour qu'on soit sûr qu'il a raison » disent la même chose : Hoederer est un **monolithe d'authenticité**. Pour lui, l'idéologie a une dimension humaine, même s'il faut accepter des compromis qui sont la nature même de la politique. « Tous les moyens sont bons quand ils sont efficaces », dira-t-il d'abord, avant d'affirmer beaucoup plus crûment : « Moi, j'ai les mains sales. Jusqu'aux coudes. Je les ai plongées dans la merde et dans le sang. » Cette affirmation est aussi une profession de foi.

Idéalisme et réalisme

Le drame, fondé sur une opposition structurelle entre deux époques fait ressortir une nette opposition, une profonde dualité entre idéalisme et réalisme, entre conscience et contingence, entre idéologie et action.

Idéalisme et réalisme s'opposent très nettement dans la pièce, d'abord par le biais d'Hugo et d'Hoederer. Le premier est un intellectuel, qualification qui devient un véritable leitmotiv dans la bouche de Louis ou d'Hoederer. Le second est un pragmatique, un homme du concret dont la connaissance provient du contact avec ses semblables. L'opposition est très marquée entre les deux personnages lorsque Hoederer affirme : « Un parti, ce n'est jamais qu'un moyen. Il n'y a qu'un seul but : le pouvoir » et qu'Hugo répond : « Il n'y a qu'un seul but : c'est de faire triompher nos idées, toutes nos idées, rien que nos idées. » Pourtant, c'est le même Hoederer, tout pragmatique qu'il soit, qui cherchera à comprendre Hugo et à le sauver.

On retrouve ce conflit sous d'autres formes et à d'autres niveaux. Jessica s'avoue incapable de choisir entre les deux représentants du réalisme et de l'idéalisme. Elle finira par renoncer à jouer, donc à mentir – car le jeu est une fuite – récusant un idéalisme qu'elle juge mensonger, mais respectable, pour le mettre à l'épreuve de la réalité. Olga, associe pragmatisme et idéalisme, idéal révolutionnaire et sentimentalisme. Le Prince et Karsky s'opposent également, prisonniers d'un choix délicat qui les mène à une alliance contre nature, tout comme Louis et Hoederer que sépare une conscience historique différente. Tel est le cœur du débat : conscience idéologique ou pragmatisme politique ? Hugo mourra pour avoir préféré son idéal révolutionnaire à la réalité politique. Il n'est pas certain qu'il ne représente aussi Sartre, l'intellectuel bourgeois, ayant à choisir entre la pensée et l'action.

Le Diable et le bon Dieu

La pièce a ceci de particulier qu'elle fut commandée par Simone Berriau, la directrice du Théâtre Antoine. Louis Jouvet fut chargé de la mise en scène ; il dirigeait Pierre Brasseur dans le rôle de Goetz, Jean Vilar dans celui d'Heinrich, Maria Casarès dans celui d'Hilda. Ce que la presse présenta comme l'événement théâtral de la saison fut également un travail gigantesque, mené dans un climat de tension, de conflits et d'urgence (« Sartre pressé par le temps, Jouvet pressé par la mort », selon la formule d'Annie Cohen-Solal). Créée le 7 juin 1951 au Théâtre Antoine, *Le Diable et le bon Dieu* allait tenir l'affiche sans interruption jusqu'en 1952. Pourtant la critique ne lui fut guère favorable et réserva ses faveurs au jeu des acteurs, à la mise en scène de Jouvet qui mourut deux mois après.

RÉSUMÉ

Acte I. À l'époque de la Réforme luthérienne en Allemagne, Gœtz le bâtard et son demi-frère Conrad ont envahi les terres de l'évêque de Worms. Le peuple, conduit par le boulanger Nasty, en a profité pour se soulever. Gœtz, reître sans scrupules, a trahi son demi-frère pour se mettre au service de l'archevêque et assiéger Worms. Heinrich, le curé des pauvres, lui livre les clefs de la ville pour éviter le massacre. Gœtz refuse la proposition de Nasty qui lui offre de se mettre à la tête du soulèvement populaire et relève le défi que lui lance Heinrich. Renonçant à servir le Mal, il chasse Catherine, sa compagne, et accepte de devenir le serviteur du Bien.

Acte II. Gœtz a décidé de donner ses terres aux paysans, de vivre dans un univers d'amour et de non-violence. Il forme le projet de fonder la Cité du Soleil où tous les hommes seront égaux. Mais Nasty le met en garde : son geste va mettre le pays à feu et à sang en suscitant la jalousie des autres paysans. Pour l'heure, ces derniers le méprisent et se méfient de lui. Ils lui préfèrent Hilda grâce à qui Gœtz retrouve Catherine qui agonise. Pour aider la jeune femme à mourir,

Gœtz accomplit un faux miracle qui lui gagne alors la confiance et la soumission aveugle du peuple.

Acte III. Gœtz a réalisé son projet, mais il a également causé la révolte des autres paysans. À Nasty, venu lui proposer d'éviter le pire en se mettant à la tête des pauvres, il répond par une autre proposition : leur parler pour les convaincre. Gœtz échoue. Il décide alors d'abandonner et de vivre en marge du monde. Six mois plus tard, le village est en ruines. Gœtz, accompagné d'Hilda qui le soutient de tout son amour, a essayé de vivre dans le jeûne et la mortification. Lorsqu'il revoit Heinrich, à la date anniversaire du défi, Gœtz est conscient d'être devenu le bouffon d'un Dieu qui n'existe pas. Les deux hommes s'affrontent. Gœtz poignarde Heinrich qui a voulu l'étrangler. Il décide alors de faire face, en acceptant de faire coexister le Bien et le Mal et retrouve une place parmi les hommes en se mettant à la tête des paysans.

COMMENTAIRE

Le chef-d'œuvre de Sartre ?

On présente souvent *Huis clos* comme le chef-d'œuvre de Sartre, oubliant ainsi que *Le Diable et le bon Dieu* est certainement la plus sartrienne de toutes ses pièces. On y trouve en effet les grands thèmes de l'univers et de la pensée sartriens : la notion de situation, l'interrogation sur la liberté, la nécessité et la difficulté de l'engagement, la réflexion sur autrui, sur la mauvaise foi, sur le jeu, sur le regard...

Drame philosophique, métaphysique, *Le Diable et le bon Dieu* l'est inévitablement, et la pièce occupe une place parfaitement cohérente dans la chronologie dramatique. Sartre souligne cette continuité dans le texte de présentation de la pièce : « J'essaie de montrer un personnage aussi étranger aux masses de son époque qu'Hugo, jeune bourgeois, héros des *Mains sales*, l'était, et aussi déchiré. »

Le drame est d'une grande ampleur de pensée, de thèmes, de résonances, de registres. Aussi a-t-on parfois comparé *Le Diable et le bon Dieu* au *Soulier de satin* de Claudel. Il est vrai que les onze tableaux des trois actes de la pièce correspondent à une dramaturgie ambitieuse. Mais rien n'y semble véritablement gratuit, même si la critique a reproché au texte sa longueur et son caractère verbeux. Le drame est solidement charpenté et Sartre y fait preuve d'une très réelle maîtrise. Enfin la pièce est si mouvante qu'elle oblige à une constante remise en cause des données habituelles du discours dramatique.

Si le théâtre de Sartre est souvent de facture traditionelle, *Le Diable et le bon Dieu* fait la démonstration d'une remarquable capacité d'invention, de renouvellement, passant du réalisme le plus cru au merveilleux le plus échevelé, du prosaïsme le plus trivial à la poésie, du monstrueux au pathétique. Peut-être alors ne faut-il pas hésiter à parler de chef-d'œuvre pour ce théâtre de l'audace.

De l'*hybris* et du baroque

Gœtz domine toute la pièce de son envergure exceptionnelle. Face à lui, il semble qu'aucun personnage ne puisse rivaliser en force dramatique, tant sa démesure est proche de l'*hybris** antique. Mais ce déchaînement, cette folie – éléments inhérents au personnage et à sa nature dramatique – correspondent sans doute à une nécessité cathartique de dépassement du Bien et du Mal. Par le jeu de Gœtz, par la mise en œuvre de son *hybris*, qui est un accomplissement dramatique exemplaire, Sartre épuise et transcende la dualité **manichéenne***.

À un tel projet, qui est celui d'un théâtre de l'instabilité, ne pouvait convenir qu'une écriture baroque, celle de la mouvance et de la remise en cause. C'est dans *Le Diable et le bon Dieu* que s'exprime le mieux cette esthétique baroque, si souvent présente dans les romans ou les nouvelles de Sartre. Le jeu – forme de mise en abyme du théâtre – qui fait de Gœtz son propre acteur et son propre spectateur, est un élément fondamental parce qu'il s'apparente au goût de la mobilité et du reflet si représentatif du baroque. De même l'hésitation entre réalisme et merveilleux, entre comique et tragique appartient bien à l'esthétique des dramaturges baroques du XVIIe siècle. En ce sens, *Le Diable et le bon Dieu* n'est pas sans parenté avec la tragi-comédie.

S'inventer une morale personnelle

Ce qui vaut pour Gœtz semble valoir pour Sartre. Gœtz s'invente une éthique, qui hésite entre égoïsme et altruisme, tout comme Sartre hésite entre sa condition d'intellectuel bourgeois et ses aspirations à la révolution prolétarienne. « J'ai fait faire à Gœtz ce que je ne pouvais faire », affirma-t-il. Aussi Gœtz est-il la tentation de l'impossible, tour à tour reître ou saint, champion du mal ou du bien, apôtre impuissant de la non-violence ou capitaine sans scrupules, homme de pensée ou d'action. Ainsi son personnage lui permet de dépasser un conflit interne, profondément et douloureusement vécu. Le personnage nietzschéen de Gœtz (« Dieu est mort », affirme-t-il) est d'abord un personnage sartrien qui s'invente une liberté par les rôles qu'il se choisit. S'affranchissant de Dieu en proclamant que « le ciel est vide », il lui faut parvenir à dépasser l'aliénation au Bien ou au Mal pour rejoindre les hommes. Et la question que pose Gœtz (« Si Dieu n'est pas, pourquoi suis-je seul, moi qui voudrais vivre avec tous ? ») a une bien profonde résonance si l'on admet que le dilemme de Gœtz, c'est aussi celui de Sartre. La morale de Gœtz-Sartre est celle de l'action mais il n'est pas certain qu'elle soit une libération.

Gœtz, le bouffon tragique

Gœtz doit-il être pris au sérieux ? Ne faut-il voir dans ce drame que la tragédie d'un homme réduit à l'impossible choix, écrasé par un destin cruel ? Il est vrai que, plus d'une fois, Gœtz est un personnage pathétique. Mais sa démesure semble le prémunir contre la pitié du spectateur. Catherine qui meurt d'avoir été réduite au désespoir ou Hilda qui a fait le don d'elle-même et a tout abandonné à Gœtz, sont des personnages beaucoup plus pathétiques.

Gœtz est sans doute un personnage tragique par l'impossible choix entre le Bien et le Mal, entre la solitude et le monde, mais il est surtout une remarquable création dramatique par son caractère de bouffon, identité que souligne Heinrich (« Tu es le bouffon »). Bouffon, Gœtz l'est par son goût du jeu, par sa « folie » très concertée, par son goût de l'énormité, par le constant passage d'un registre à un autre. Il est capable, dans la même scène, de changer de ton, voire de rôle, en comédien consommé. « Seigneur, délivre-moi de l'abominable envie de rire », s'exclame le bouffon au moment le plus inattendu.

Avec lui, le spectateur est sans cesse amené à confronter réalisme et merveilleux, poésie et trivialité, pathétique et burlesque. Le drame tourne souvent au grotesque et l'émotion est mise à distance par une sorte de décalage ironique. « Vacarme inutile » ou « le meilleur capitaine de l'Allemagne », « d'humeur changeante », se voulant « témoin, martyr et tentation », Gœtz est bien le **fou de Dieu**.

Nekrassov

La pièce fut créée le 8 juin 1955 au Théâtre Antoine dans une mise en scène d'Antoine Meyer. Pour Sartre, elle est « une satire sur les procédés de la propagande anticommuniste ». Attaquée avant même sa création par la grande presse capitaliste, elle fut victime d'une véritable cabale. Une très large part de la critique éreinta *Nekrassov*, Pierre Marcabru allant jusqu'à la présenter comme une « épreuve inhumaine ». Cependant Sartre eut des défenseurs et non des moindres : Jean Cocteau, et surtout Barthes qui n'hésita pas à affirmer que *Nekrassov* était une libération « aussi fulgurante que du Beaumarchais ». Il est à noter que les reprises de la pièce en 1968 puis en 1978 déclenchèrent à nouveau une cabale, sans doute parce qu'il s'agit du texte dramatique de Sartre le plus partial et le plus manifestement polémique.

RÉSUMÉ

Valéra est un escroc recherché par la police à laquelle il échappe de justesse. Sibilot est un journaliste qui tient la rubrique anticommuniste au quotidien *Soir à Paris*. Rien ne semble donc devoir réunir ces deux hommes. Sibilot a été mis en demeure de relancer l'intérêt de ses lecteurs en donnant plus de nerf à sa rubrique. Le conseil d'administration du journal exige en effet que *Soir à Paris* sorte de sa torpeur. Sibilot se met donc à chercher une idée pour l'édition du lendemain. Le soir même, Valéra qui a trouvé refuge chez le journaliste lui soumet une idée lumineuse : se faire passer pour Nekrassov, un ministre soviétique dont l'absence inexpliquée se prolonge. Le lendemain, avec la complicité gênée de Sibilot, Valera joue son rôle de transfuge devant le conseil d'administration de *Soir à Paris*. Désormais logé, nourri, protégé, fêté, le faux

Nekrassov va vendre des souvenirs fabriqués de toutes pièces. C'est, bien sûr, le même quotidien qui publie les fausses confidences du prétendu Nekrassov et qui multiplie par trois son tirage. Mais Valéra-Nekrassov déchante lorsqu'il se rend compte qu'il est manipulé. Devenu inutile et donc encombrant, il découvre qu'on ne songe qu'à se débarrasser de lui. Pris au piège de l'identité qu'il prétend toujours jouer, il ne lui reste plus qu'une faible marge de manœuvre. Redevenant Valéra, il trouve le salut dans la fuite, laissant à *Soir de Paris* le soin d'arranger l'affaire Nekrassov dont la conclusion rocambolesque est surtout soumise à des intérêts financiers.

COMMENTAIRE

Entre échec et erreur

Si *Kean*, deux ans auparavant, avait été un réel succès, *Nekrassov* fut un échec, tout comme *Morts sans sépulture* en avait été un autre. Il est vrai que le ton polémique de la pièce ne pouvait qu'indisposer. En outre, la pièce s'attaquait à la grande presse qui, à cette époque, était en pleine restructuration. La satire était suffisamment transparente pour qu'on reconnaisse sans peine Pierre Lazareff, représentant de la grande presse capitaliste, dans le personnage caricatural de Palotin. Sans doute Sartre commit-il là une erreur stratégique. Car ses rapports avec la presse n'avaient jamais été ceux de Camus qui fut toujours reçu par les journalistes comme un de leurs pairs.

Il semble bien que cet échec ait été pleinement assumé par Sartre, disant lui-même de *Nekrassov* en 1960 : « C'est une pièce à demi manquée. » Il est vrai qu'elle apparaît trop marquée par l'engagement communiste de Sartre et par son retour enthousiaste du premier voyage en U.R.S.S. (1954). Ainsi *Nekrassov* est davantage **l'œuvre du prosélyte*** que celle du compagnon de route critique. Contrairement au très critique *Retour d'U.R.S.S.* de Gide en 1936, Sartre offrait en 1955 une pièce **empathique***. Ce « soviétisme » allait paraître très vite mal venu, sinon caduc : en octobre 1956, les chars russes entraient à Budapest.

Le vaudeville sartrien

Il est peut-être trop hâtif d'affirmer que *Nekrassov* est une pièce ratée ou déplacée dans l'œuvre de Sartre. Car non seulement elle a sa place dans la production dramatique, mais elle a aussi son intérêt, ne serait-ce que parce que Sartre y manifeste **une indéniable verve satirique**. On a parfois défini la pièce comme une farce, ce qui n'est pas totalement faux, mais ne suffit pas à en caractériser l'identité. En effet, *Nekrassov* est une farce – ou plutôt farci de personnages, de répliques, de mouvements et de rebondissements – très proche du vaudeville. Barthes ne jugeait pas Sartre indigne de Beaumarchais et évoquait, à propos de *Nekrassov*, « la catharsis de la satire ». Ce théâtre n'est pas sans rappeler celui de Labiche ou de Feydeau, mais offre des répliques d'une causticité pamphlétaire digne de Voltaire. Vaudeville politique donc, vaudeville panique que semble définir, comme un écho interne, cette réplique si révélatrice : « La vie, c'est une panique dans un théâtre en feu. »

Les Séquestrés d'Altona

Rédigée entre 1957 et 1959, achevée lors des répétitions, la pièce fut créée le 23 septembre 1959 au Théâtre de la Renaissance. Serge Reggiani y interprétait avec maestria le rôle de Frantz et Fernand Ledoux celui du Père dans une mise en scène de François Darbon. Non seulement *Les Séquestrés d'Altona* connurent un grand succès de public, mais furent bien accueillis par la critique qui saluait la « rentrée » de Sartre au théâtre, Gilles Sandier allant jusqu'à évoquer un « Socrate dramaturge ».

RÉSUMÉ

Frantz von Gerlach, fils d'un riche industriel allemand, vit enfermé dans sa chambre depuis treize ans et refuse de voir son père. Ce dernier, condamné par un cancer, voudrait revoir Frantz et charge sa bru, Johanna, d'intercéder en sa faveur. Il lui expose les motifs de cette séquestration volontaire.

À dix-huit ans, Frantz a recueilli un Juif évadé du camp de concentration voisin. Les nazis ont trouvé l'évadé dans la chambre de Frantz et l'ont égorgé sous les yeux du jeune homme. Frantz, grâce à l'intervention de son père, n'a pu être tiré d'affaire qu'en s'engageant. Au front, il s'est couvert de gloire. Mais à son retour, devenu un héros, il n'a pu supporter la condamnation de l'Allemagne nazie et s'est enfermé dans sa chambre. Il y vit une folie mi-simulée, mi-réelle, et enregistre au magnétophone des propos destinés aux siècles à venir.

Johanna réussit à pénétrer dans l'univers de Frantz où seule Léni, la sœur incestueuse, a le droit d'accéder. Ancienne actrice de cinéma, Johanna est fascinée par le délire et les obsessions de Frantz. L'attirance est réciproque. Peu à peu, Johanna gagne la confiance du jeune homme et finit par découvrir son secret : sur le font russe, il a causé la mort de ses hommes et il a pratiqué la torture. Horrifiée par cette insupportable révélation, Johanna l'abandonne.

Il ne reste plus à Frantz qu'à donner rendez-vous à son père auquel il propose leur suicide commun au volant d'une voiture lancée à toute allure. Léni prendra la place de Frantz dans la chambre.

COMMENTAIRE

Une tragédie

Annie Cohen-Solal a qualifié *Les Séquestrés d'Altona* de « huis clos à cinq personnages ». Il est certain que la tonalité pessimiste de la pièce, l'utilisation du double thème de l'aliénation et de la séquestration, font comme un écho à *Huis clos*. Dans l'œuvre de Sartre, on peut considérer qu'il n'y a que deux tragédies : *Huis clos* et *Les Séquestrés d'Altona*. Dans la première, tout est déjà joué : le destin y est accompli ; la perspective est celle d'une damnation éternelle, d'un trio réduit à l'impuissance. Dans la seconde, dont la structure en cinq actes est tout à fait classique, la conclusion est très représentative de la tragédie : la mort par le suicide (Frantz et son père), la solitude (Johanna), l'aliénation et l'enfermement (Léni).

En outre, la dimension de l'échec, l'impuissance à échapper au destin ou à l'histoire, l'incapacité à trouver le salut dans l'amour (qu'il soit ou non incestueux), comme dans le jeu pirandellien de la folie, est d'essence tragique. Il y a même lieu de se demander si la volonté sartrienne de mettre en scène des drames où les pesonnages ont encore le pouvoir d'agir ne se trouve pas purement et simplement abandonnée ici.

Tragédie, *Les Séquestrés d'Altona* font la sombre démonstration d'un destin inexorable, où il n'y a pas d'issue. Quelle est la valeur de la solution trouvée par Frantz, sinon celle de vouloir effacer une histoire qui ne peut être escamotée? Le suicide est d'ailleurs une violation des principes existentialistes. Acte ultime, il ne détermine pas une liberté, ainsi que tend à le prouver la sombre réplique du Père : « C'est drôle une vie qui éclate sous un ciel vide. » Certes, ce ciel vide était aussi celui de Gœtz dans *Le Diable et le bon Dieu*. Mais au moins Gœtz partait-il pour une guerre aux côtés des hommes. Les personnages des *Séquestrés d'Altona* évoluent dans « un mouvement en spirale » (Sartre). La gravitation détermine ici un tragique contemporain exemplaire, hanté par le passé, incapable d'avenir.

Une œuvre kaléidoscope

Les Séquestrés d'Altona offrent un remarquable panorama des thèses et thèmes sartriens. On y trouve la mauvaise conscience et la mauvaise foi, l'angoisse, le regard de l'autre, l'interrogation sur l'histoire, la liberté et l'aliénation, la folie, la sexualité, l'engagement, la hantise de la torture, la responsabilité et la culpabilité... On y retrouve même le goût pour certaines techniques (le « flash-back » ou la simultanéité), l'écho sensible d'œuvres antérieures (*La Nausée*, *Huis clos*, « La Chambre »), le souvenir d'hallucinations personnelles (les crabes). Ajoutons à cela le motif du trio sartrien : un homme entre deux femmes, Frantz entre Johanna et Léni.

Sans doute les circonstances qui ont présidé à la création de la pièce lui ont-elles donné ce rythme de fièvre, ce caractère débridé. Mais *Les Séquestrés d'Altona* sont une œuvre angoissée, écho direct des angoisses de l'époque. Cette œuvre carrefour est peut-être un aboutissement parce qu'elle est la dernière pièce. Elle est surtout **une œuvre kaléidoscope** où s'entremêlent thèmes, obsessions et réminiscences.

L'ESSAYISTE

On s'en doute, Sartre, écrivain polygraphe de l'abondance (elle était à ses yeux une vertu), n'est pas un essayiste facile à cerner. Car l'essai, mis à part son versant philosophique qui a fait l'objet d'une étude plus spécifique, prend de multiples formes, s'intéresse à différents champs d'activités, à différents domaines pour lesquels Sartre va même jusqu'à se faire l'inventeur. Mais le théoricien est toujours un explorateur. Car les essais sartriens tiennent de la critique littéraire ou artistique, de la biographie ou de l'autobiographie, de la politique, du journalisme, voire de la propagande. Les frontières entre les genres et les formes finissent par éclater. On le devine, l'essayiste est d'abord un écrivain engagé, un homme « en situation ».

Les dix volumes de *Situations*, publiés de 1947 à 1976, en sont l'illustration la plus exemplaire, comme on le verra. En fait, le premier volume de *Situations* a été précédé des *Réflexions sur la question juive* en 1946. En 1947 paraît *Baudelaire*, premier essai critique de psychanalyse existentielle. Sartre appliquera cette méthode, mais approfondie et rendue plus complexe, dans deux autres essais : l'un consacré à Genet (*Saint Genet, comédien et martyr*, 1952) ; l'autre à Flaubert (*L'Idiot de la famille*, tomes I et II, 1971 et tome III, 1972). L'autobiographie, elle aussi, sera « revisitée », même si un large public a pu s'illusionner sur l'apparente facture classique des *Mots* (1964). Pour compléter le portrait de Sartre, paraîtront après sa mort *Les Carnets de la drôle de guerre* (1983) et *Lettres au Castor et à quelques autres* (1984).

Ainsi apparaît, presque à l'évidence, par ces multiples et souvent indéfinissables essais, l'image d'un écrivain dont l'œuvre est **un polyptique sans cloisons**. Pour capter quelques reflets essentiels, on se résoudra à quelques approches forcément réductrices des dix volumes de *Situations*, du *Baudelaire*, de *Qu'est-ce que la littérature ?*, de *Saint Genet, comédien et martyr*, des *Mots* et de *L'Idiot de la famille*.

Situations (I à X)

DESCRIPTIF

Situations I (1947) se préoccupe de littérature et de philosophie. Ce premier volume examine l'œuvre de romanciers (Blanchot, Camus, Dos Passos, Faulkner, Giraudoux, Mauriac, Nabokov, Nizan), d'essayistes (Bataille, Rougemont, Parain), de philosophes (Descartes, Husserl), voire de poètes (Ponge). Sartre y expose subjectivement, sous l'angle de la critique littéraire et de l'analyse philosophique, diverses visées, en particulier celle, fondamentale, du principe de liberté.

Situations II (1948) contient trois ensembles, dont l'un est un manifeste publié dès 1945 (« Présentation des *Temps Modernes* »). Les deux autres analysent la position de l'écrivain « en situation » dans son époque, dans sa réalité idéologique et sociale (« Nationalisation de la littérature » et « Qu'est-ce que la littérature ? »).

Situations III (1949) rassemble divers articles écrits entre 1944 et 1948 (« La République du silence », « Paris sous l'occupation », « Qu'est-ce qu'un collaborateur ? », « La Fin de la guerre », « Individualisme et conformisme aux États-Unis », « Villes d'Amérique », « New York, ville coloniale », « Présentation », « Matérialisme et révolution »...)

Situations IV (1964) prétend être un recueil de « portraits », consacrés à la littérature, la philosophie, la peinture ou l'architecture (Préface à *Portrait d'un inconnu* de Nathalie Sarraute, « L'Artiste et sa conscience », « Des Rats et des hommes », « Réponse à Albert Camus », « Paul Nizan », « Merleau-Ponty », « Le Séquestré de Venise », « Les Peintures de Giacometti », « Le Peintre sans privilèges », « Masson », « Doigts et non-doigts », « Un Parterre de capucines », « Venise de ma fenêtre »).

Situations V (1964) s'intéresse au colonialisme ancien ou nouveau. L'orientation politique y est évidente, d'autant plus qu'elle est avivée par la guerre d'Algérie (« D'une Chine à l'autre », « Le colonialisme est un système », « Portrait du colonisé précédé du portrait du colonisateur », « Vous êtes formidables », « Nous sommes tous des assassins », « Une Victoire », « Le Prétendant », « La Constitution du mépris », « Les Grenouilles qui demandent un roi », « Analyse du référendum », « Les Somnambules », « Les Damnés de la terre », « La Pensée politique de Lumumba »).

Situations VI (1964) et *Situations VII* (1965) sont définis sous une même étiquette : *Problèmes du marxisme, 1* et *2*. Ils offrent diverses approches du marxisme et sont précieux pour l'analyse de l'évolution de la pensée sartrienne dans les années cinquante (« Portrait de l'aventurier », « Faux savants et faux lièvres », « Sommes-nous en démocratie ? », « La Fin de l'espoir », « Les Communistes et la paix ») ou ultérieurement (« Réponses à Lefort », « Opération Kanapa », « Le Réformisme et les fétiches », « Réponse à Pierre Naville », « Le Fantôme de Staline », « La Police frappe trois coups », « À propos de l'enfance d'Ivan »).

Situations VIII et *Situations IX* (1972) s'intéresseront à des sujets variés concernant la France, le Viêt-nam, l'évolution de Sartre lui-même, sa réflexion sur le langage ou les sciences humaines. Mais *Situations IX* est également consacré à la dissidence dans les pays totalitaires (« Le Socialisme qui venait du froid »).

Situations X (1976) retrouve le terrain familier de l'engagement politique (« Préface au *Procès de Burgos* », « Politique et autobiographie »). Ce volume contient aussi le texte de l'entretien avec Michel Contat, « Autoportrait à soixante-dix ans », où Sartre semble se livrer en toute sincérité.

COMMENTAIRE

Sur les fronts de l'engagement

Les dix volumes de *Situations*, publiés de 1947 à 1976, sont un des « incontournables » de « l'iceberg Sartre » dont il a déjà été question. Ils représentent à eux seuls une aventure intellectuelle, philosophique, morale, critique, politique, journalistique... exemplaire par son ampleur et sa diversité. Ainsi définis, ils ne peuvent en aucun cas être considérés comme une œuvre parallèle – ou, pire, comme une annexe –

à l'œuvre philosophique, dramatique ou narrative de Sartre. Ils sont **une œuvre à part entière**, qu'ils constituent et éclairent tout à la fois.

Le titre même de cet ensemble apparaît comme une revendication au droit de cité dans une époque ou un contexte, mais aussi comme un signal de l'appartenance existentialiste. En effet, le terme « situation » – au sens sartrien du terme – s'y trouve magistralement justifié. Il suffit pour s'en persuader de porter un regard rapide sur les sujets abordés dans ces volumes. Par l'extraordinaire variété de leurs sources ou domaines d'intérêt, ils sont la vivante illustration de cet engagement, engagement d'une indéniable force, d'une remarquable vitalité, ouvert sur mille fronts. Ainsi se trouve éclairé de son véritable jour le propos de Sartre affirmant : « J'ai toujours écrit sur commande. » Enfin on précisera que cette multiplicité et cette variété sont à leur tour mis « en situation » dans ces dix volumes qui n'obéissent pas tant à un ordre chronologique qu'à une cohérence thématique ou problématique. *Situations* portent témoignage de trente années de lutte, d'un combat permanent contre les fausses évidences, les certitudes faciles, le confort intellectuel ou moral. Sartre ne disait-il pas en 1976 : « Les *Situations*, c'est, si vous voulez, la partie non philosophique la plus proche de la philosophie : critique et politique » ? C'est en tous cas la partie de son œuvre à laquelle il tenait le plus.

Baudelaire

DESCRIPTIF

Première tentative sartrienne de psychanalyse existentielle, *Baudelaire* est autant une analyse qu'une aventure critique puisqu'elle ouvre la voie à la méthode « régressive-progressive ». L'approche de Sartre se veut une plongée dans l'expérience baudelairienne. En utilisant les confidences de Baudelaire lui-même, l'essayiste, cherche à montrer en quoi l'aventure poétique de Baudelaire, type même du poète maudit, est plus révélatrice d'un « choix fondamental », que d'un destin défavorable. L'aventure et l'expérience baudelairiennes proviennent de choix opérés à partir d'une situation négative de délaissement et de solitude. La vocation du poète est celle d'une destinée choisie dont Sartre analyse les éléments constitutifs. Puis l'analyse porte sur les comportements baudelairiens qui sont autant d'échos de ce « choix fondamental ». Ainsi l'œuvre poétique est la forme complice qu'utilise Baudelaire pour être le « bourreau de soi-même ».

COMMENTAIRE

Une biographie entre immersion et dialogue

Dédié à Jean Genet, exemple même du poète banni auquel il consacrera en 1952 un remarquable ouvrage, *Baudelaire* n'est pas un essai de critique littéraire. Il inaugure la **veine biographique** (qui pourra aussi bien être d'ailleurs autobiographique) des essais. Mais la biographie conçue par Sartre est profondément originale. Si elle manifeste une « passion à comprendre autrui », elle ne ressemble aucunement à ces ouvrages où sont convoquées toutes les données nécessaires à la reconstitution d'une vie. Cependant elle reste une biographie dans la mesure où elle s'intéresse à l'aventure humaine et poétique de Baudelaire.

Elle ne se veut pas un travail de l'extérieur, bien au contraire, puisque le biographe se met à la place de son sujet. Ainsi elle sera une plongée, une immersion au cœur même des écrits intimes de Baudelaire. Elle usera de la psychanalyse pour montrer comment la « fêlure » de Baudelaire (le veuvage et le remariage de sa mère) suffit à déterminer une vie et une œuvre. Cette psychanalyse qui explore et explique le **vécu** s'allie à la perspective exsitentialiste et fonde ainsi une approche originale. Car cette approche est aussi celle d'un dialogue implicite avec le « double » de Sartre qu'est Baudelaire : mêmes origines sociales, même absence du père, même « trahison » maternelle, même délaissement, même solitude, même haine pour le beau-père... *Baudelaire* ouvre la voie aux *Mots* et à *L'Idiot de la famille*, autres plongées, autres dialogues de la **biographie régénérée par la psychanalyse existentielle**.

Qu'est-ce que la littérature ?

DESCRIPTIF

Publié en 1948 dans *Situations II*, cet essai avait d'abord paru en 1947 dans *Les Temps Modernes*. Il est une interrogation existentialiste sur l'engagement en littérature et oriente la réflexion autour de trois questions fondamentales, posées dès l'introduction : « Qu'est-ce qu'écrire ? Pourquoi écrit-on ? Pour qui ? ». Le terrain ainsi délimité, Sartre apportera des réponses en accord avec les thèses qu'il avait clairement formulées dans *L'Existentialisme est un humanisme*.

Puisque « tout ouvrage littéraire est un appel » et qu'« écrire c'est une certaine façon de vouloir la liberté », l'écrivain se trouve engagé. Cherchant à être universel, il écrit autant pour la classe bourgeoise dont il est issu que pour le prolétariat. Mais il n'est lu que par quelques-uns. Pourtant, il lui faut aider son public à prendre conscience et à agir car « l'œuvre écrite peut être une condition essentielle de l'action ». Reste à analyser la situation de la littérature, objet de la dernière partie de l'essai (« Situation de l'écrivain en 1947 »). Sartre y définit l'écrivain français comme « le seul qui soit demeuré un bourgeois ». Mais cela ne doit pas l'empêcher d'user de la liberté d'expression, de viser l'universalité, d'écrire au nom de tous les hommes. Ainsi, en prenant en compte cette totalité, complexe et contradictoire, il évitera à la littérature les ornières de la propagande et du divertissement.

COMMENTAIRE

La littérature comme acte idéologique et libertaire

Qu'est-ce que la littérature ? prouve la nécessité pour Sartre de placer la fonction de l'écrivain au cœur d'une problématique de l'engagement. Mais cet engagement a pour raison d'être une communauté d'hommes. Or, pour Sartre, la littérature ne peut avoir de sens que si elle est action, en fonction d'une situation donnée, permettant d'aboutir à un projet.

Ce projet est celui de la liberté. C'est d'ailleurs celui du projet romanesque inachevé que sont *Les Chemins de la liberté*. L'engagement sartrien fait donc de l'écriture un acte idéologique. Mais cet acte ne peut en aucun cas imposer une idéologie ou s'en faire le chantre complaisant. On comprend mieux, dès lors, le sens qu'il faut donner à l'ensemble de l'œuvre sartrienne. Si la valeur esthétique y existe, elle n'est jamais la seule justification de la littérature. Romans, nouvelles, pièces de théâtre, essais, sont à situer au même niveau que les articles, les interviews ou interventions de Sartre car tous participent d'une même morale de l'engagement.

Saint Genet, comédien et martyr

DESCRIPTIF

Simple projet de préface à l'origine, les quelques pages consacrées à celui auquel Sartre avait dédié son *Baudelaire* allaient connaître une extraordinaire hypertrophie. La préface aux œuvres de Jean Genet atteignit presque sept cents pages ! La biographie allait devenir épopée, « roman vrai » avant *L'Idiot de la famille*, quête de l'authenticité à partir de la psychanalyse existentielle. Publiée en 1952, cette biographie critique de Genet a toutes les apparences d'une histoire reconstituée sur fond d'imaginaire à laquelle se mêle la passion sartrienne, sublimation et dénonciation, violence et possession, distance clinique et appropriation.

Après la parution de cet essai, véritable mise à nu et peut-être transformation de Genet, l'intéressé déclarera : « Je suis un autre, il faut que cet autre trouve quelque chose à dire. » Quant à Cocteau, il confiera : « Jean a changé depuis le livre de Sartre. Il semble à la fois qu'il s'y conforme et qu'il prenne la fuite. »

Sartre aura en effet enfermé Genet « dans le rôle le plus sartrien des personnages sartriens ». Dans cette psychanalyse d'un auteur marginal, réprouvé, bâtard, voleur, homosexuel, l'essayiste fit, selon l'appréciation de Jacques Derrida, « la plus agile et la plus intelligente des leçons d'ontologie phénoménologique de l'époque, à la française ».

Définissant le projet de Sartre, Jeannette Colombel parle d'un « souci de compréhension », du « va-et-vient d'une analyse régressive et d'une dialectique progressive ». L'essayiste, plongeant dans l'enfance, se transforme en psychanalyste et trouve une cohérence là où semblent ne régner que désordres et contradictions. « Biographie paradoxale », *Saint Genet, comédien et martyr* est bien proche du *Diable et le bon Dieu* par cette volonté d'opérer une synthèse, une totalisation de l'être, une « sophistique circulaire » du bien et du mal. L'essai prouve ainsi que « le génie n'est pas un don mais l'issue qu'on invente dans les cas désespérés ».

COMMENTAIRE

Voyeurisme existentialiste, biographie aliénée ou vampirisme ?

Sartre racontant la vie de Jean Genet, ressuscitant les épisodes les plus marquants d'un passé pour donner une cohérence existentielle à la vie du voleur devenu écrivain, n'est-il pas d'abord un voyeur autant qu'un visionnaire ? Car l'essayiste donne à voir une vie. Cette réalité concrète, à proprement parler **exhibée**, qu'il livre à son lecteur, s'inscrit dans une dialectique de la liberté qui est typiquement existentialiste. Comme pour Baudelaire, Sartre veut montrer (au sens le plus contingent du terme) que Genet choisira son identité dans le double mouvement d'une aliénation-libération, dans un « qui perd gagne ».

Le passage de l'enfant-voleur « pris la main dans le sac » est une véritable scène de cinéma, un gros plan ayant pour objet une question fondamentale : « *Qui* est Jean Genet ? ». L'écriture de Sartre prend son sujet d'étude dans la spirale de ses phrases pour mieux rendre sensible le tournoiement mental, jusqu'au vertige. Elle impose au lecteur la découverte souvent hallucinante, sinon hallucinée, d'une « personne en totalité ». « L'histoire d'une libération » est aussi celle d'une aliénation.

Peut-être faut-il y convoquer l'aliénation de Sartre lui-même, fasciné par cet autre « double » qu'est Genet. À l'orphelin Sartre, fait écho un bâtard sans foi, ni loi, un délaissé, produit anarchique d'une société qui traitera le voleur-poète d'« étron », selon le mot définitif de Mauriac.

Le biographe existentialiste, voulant « montrer les limites de la psychanalyse et de l'explication marxiste » ne pouvait rêver meilleur sujet que la personnalité et l'œuvre de Jean Genet. Aussi peut-on se demander, à la suite d'Annie Cohen-Solal, si l'essayiste ne s'empare pas de Genet à la manière d'un vampire. Cocteau, quant à lui, parlait « d'une sorte de possession sur la place des Lettres ». Exhibitionnisme, vampirisme biographique, envoûtement, spirale, *Saint Genet, comédien et martyr*, est tout cela et bien autre chose encore. Dans une certaine mesure, cette œuvre subversive et pervertie prépare autant à l'autobiographie trompeuse des *Mots* qu'à l'épopée biographique et indéfinie de *L'Idiot de la famille*.

Les Mots

DESCRIPTIF

Unique autobiographie sartrienne jusqu'à ce que paraissent *Les Carnets de la drôle de guerre*, *Les Mots* furent accueillis avec une bienveillance étonnante et explicable tout à la fois. 1964, l'année de leur parution, correspondait à un nouveau style de vie, à un oubli de ce qui avait fondé les valeurs antécédentes.

Sartre y regardait un enfant nommé Poulou, mêlant ironie tendre et critique complaisante. Mais l'autobiographie sartrienne est truquée. Et Philippe Lejeune affirmera : « L'ordre chronologique n'est pas à chercher du côté de la chronologie [...]. L'ordre du livre est celui d'une dialectique déguisée en suite narrative. »

De fait, l'autobiographie que propose Sartre est articulée autour de deux parties complémentaires : « Lire » et « Écrire ».

> Le biographe y refuse la complaisance pour soi-même et préfère y montrer le mensonge de son enfance bourgeoise, enfance d'un orphelin de père passée entre une mère trop jeune et un grand-père comédien. Sartre s'y dénonce comme un « bouffon » découvrant la lecture, puis l'écriture, complaisamment jugé par sa famille.
>
> Mais l'enfant est surtout livré à la solitude, à l'insincérité, encouragée par une famille qui le choie et fait de ce fils unique le centre de son propre univers. Heureusement, l'école, qu'il fréquente sur le tard, lui permet de découvrir la réalité du monde et des êtres qui le peuplent. Ainsi, ayant eu la révélation de sa laideur et fait « l'apprentissage de la violence », le futur écrivain va pouvoir naître en conquérant l'authenticité.

COMMENTAIRE

Une autobiographie traditionnelle

Rien n'empêche de lire *Les Mots* comme n'importe quelle autre autobiographie. Sartre y apparaît alors sous les traits de l'écrivain vieillissant qui se penche sur son passé, faisant revivre l'enfance, livrant des instantanés, des « tranches de vie », convoquant les figures de la mère et du grand-père, usant d'une écriture ondoyant ente ironie et tendresse amusée. Beaucoup de lecteurs ont été rassurés par l'apparent retour de Sartre à une écriture qui n'était ni provocante, ni pessimiste. *Les Mots* paraissaient appartenir à une tradition du récit autobiographique auquel Sartre ne faisait jamais qu'apporter sa propre contribution. D'ailleurs ne respectait-il pas l'ordre chronologique ? N'articulait-il pas son récit en deux grandes parties, parfaitement cohérentes, qui expliquaient et justifiaient son parcours d'écrivain ?

L'analyse d'une névrose

On ne peut perdre de vue que Sartre se racontant fait un choix révélateur : car il arrête cette histoire de lui-même à l'année 1916. Il circonscrit donc l'autobiographie à la seule enfance (en 1916, Sartre a onze ans). En ce sens, *Les Mots* sont fidèles à la thèse défendue par leur auteur (et fondement de toutes les approches biographiques appliquées à Baudelaire, Genet ou Flaubert) selon laquelle **l'enfance contient l'homme à venir**. Si *Les Mots* sont essentiellement le récit d'une enfance, c'est parce qu'ils sont l'histoire d'une **névrose*** : celle de l'écrivain. Mais l'analyse a d'autant plus de force qu'elle s'appuie sur la démonstration chronologique qu'est ce discours biographique. Le sujet dont parle Sartre, ce n'est plus Baudelaire ou Genet, c'est lui-même. L'analyse de sa propre névrose littéraire en est aussi la dénonciation, car Sartre en 1964 est plus que jamais un écrivain engagé qui tient la littérature en suspicion.

Une autobiographie paradoxale

Sartre a beau qualifier l'écriture de « fuite en avant », *Les Mots* usent de la magie du verbe. En dénonçant « l'entreprise folle d'écrire », ils avouent toute leur ambiguïté. Car cette « boxe du style » (Jean-François Louette) est aussi bien le refus de pratiquer une littérature pétrifiée ou complaisante que l'impossibilité d'échapper à l'emprise des mots. Le constat que fait Sartre : « j'écris encore cinquante ans après » est la preuve même de ce discours paradoxal. N'est-il pas aussi l'aveu de **l'impossible analyse de soi-même qu'est l'autobiographie sartrienne** ? La structure même des *Mots* en souligne la profonde dualité, volonté d'une dialectique et fuite vers les origines. Certes, Sartre exprime ainsi la coupure entre le « je » raconté et le « je » narrateur. Mais la méthode régressive-progressive trouve ici ses limites. Car l'intellectuel qui prétend dire adieu à la littérature en mettant en scène la mauvaise foi dénoncée le fait par le biais de cette écriture où il a trouvé naissance (« Je suis né de l'écriture »). Il est tentant pour montrer le nécessaire paradoxe de cette autobiographie d'y appliquer ce que Sartre écrit de la bibliothèque : « c'était le monde pris dans un miroir ; elle en avait l'épaisseur infinie, la variété, l'imprévisibilité. »

Les Mots tirent toute leur richesse de leur ambiguïté parce qu'ils sont une fusée à étages aux multiples trajectoires. Véritable **discours des origines et origines du discours sartrien**, ils sont bien une « fuite en avant », une impossible mise à mort de la littérature et de ses « transparences déformantes ».

L'Idiot de la famille

DESCRIPTIF

Il fallut attendre 1971 et 1972, années de la publication des trois volumes de *L'Idiot de la famille*, pour découvrir le fruit volumineux de la réflexion sartrienne sur Flaubert. Dans les deux mille pages de ce qui allait rester une œuvre inachevée, Sartre se plongeait dans Flaubert. L'essai, véritable hernie critique, convoquant psychanalyse, marxisme et existentialisme, se veut l'analyse « régressive-progressive » d'une névrose : celle d'un écrivain bourgeois par excellence. Flaubert fut pour Sartre un objet d'étude privilégié, né – comme le fait remarquer Jeannette Colombel – d'une antipathie devenue empathie*. Consacrer une étude à Flaubert, c'était se pencher sur un cas trop proche de ce que l'essayiste lui-même avait failli devenir et dont *Les Mots* avaient prétendu être la condamnation.

Travail acharné, enquête inlassable, où tout est permis, où tout est à inventer, à commencer par la méthode d'investigation. « On entre dans un mort comme dans un moulin », déclare Sartre dans la préface. Cependant la méthode reste fidèle aux grandes lignes habituelles, à cette approche privilégiée et nécessaire de l'enfance, selon la formule : « Une vie, c'est une enfance mise à toutes les sauces. » Sartre usera de plusieurs sauces pour cuisiner son sujet. « L'idiot de la famille », ce sera ce jeune Gustave se révélant incapable d'apprendre à lire et pourtant destiné à devenir un des plus grands génies de la littérature.

Si *Saint Genet, comédien et martyr* avait tenu de la possession, voire de l'envoûtement, que dire de *L'Idiot de la famille* où Sartre entrait en Flaubert, homme et œuvre confondus, dans une quête inlassable, fondatrice d'une « anthropologie nouvelle » ? Somme magistrale, mais inachevée, la plus inachevée de toutes les œuvres de Sartre, elle fut pourtant abandonnée pour une simple raison : son auteur devenait aveugle. Il n'était plus question de ce quatrième volume qui devait être consacré à *Madame Bovary*, encore moins d'un cinquième. Peu de temps avant sa mort, Sartre reconnaissait avec une poignante lucidité que *L'Idiot de la famille* était « peut-être l'échec le plus complet ». Mais, on le sait, l'échec et l'inachèvement, sont au cœur même de la pensée sartrienne.

Conclusion

Peut-on prétendre dominer l'œuvre de Sartre, tant sa richesse hypertrophique semble décourager toute saisie exhaustive ? Les meilleurs spécialistes – et des plus brillants – disent souvent combien une telle entreprise est folle. Face à ce témoin et à cet acteur majeur de notre siècle, osons avouer notre fascination pour la richesse d'une activité qui aura touché à tous les domaines de la création littéraire, la poésie mise à part. Cette richesse s'exprime dans plus de cinquante titres, mais aussi dans des scénarios, des films, des interviews, des conférences. Encore faudrait-il compter avec les inédits, avec les manuscrits égarés définitivement ou temporairement. Combien de milliers de pages représente cet ensemble ?

« *Nulla dies sine linea* » affirment *Les Mots*. Cette profession de foi névrosée du « Pas de jour sans une ligne » donne une idée de ce qu'il faut bien appeler **l'hypertrophie sartrienne**. L'écriture aura été vécue comme une aventure, comme un engagement permanent, comme l'inlassable poursuite d'un projet nécessairement inabouti. Car l'aboutissement, c'est la mort ; et l'œuvre de Sartre, c'est la vie. Iceberg, oui. Et quel iceberg, ce « continent Sartre » qui dérive sans jamais se perdre !

De Gaulle, le « prétendant » comme l'appelait péjorativement Sartre, avait déclaré à son propos : « On n'emprisonne pas Voltaire. » À sa suite, on serait tenté de dire qu'on ne peut enfermer son œuvre parce qu'elle est ouverte, parce qu'elle représente, assume et engouffre son siècle. L'écriture sartrienne en épouse, précise, dénonce les contours, dans ses tourments, ses appels, sa désespérance, sa liberté aliénée, son athéisme, ses contradictions. Elle en dit la grandeur et la misère. Sartre ne se verra même pas enfermé de son vivant dans la prestigieuse collection de « La Pléiade ». Celui dont le dernier « chemin de la liberté » aura été le renoncement à l'écriture pour cause de cécité est appelé à un étonnant destin : Argus* impitoyable de notre contingence, il nous oblige à vivre sans paupières, comme les personnages de *Huis clos*.

Groupements thématiques

ACTE – RESPONSABILITÉ

Textes : voir plus particulièrement *Les Mouches, Les Mains sales, L'Âge de raison, Le Sursis, Les Séquestrés d'Altona*.

Citations
« J'ai fait *mon* acte, Électre. » (*Les Mouches*)
« Voilà un acte comme je les aime : à facettes. » (*Le Diable et le bon Dieu*)
« Une fille comme toi ne peut pas tirer sur un homme comme moi. » (*La Putain respectueuse*)
« Tous les intellectuels rêvent de faire de l'action. » (*Les Mains sales*)
« J'ai pris le siècle sur mes épaules et j'ai dit : j'en répondrai. » (*Les Séquestrés d'Altona*)

LES AUTRES

Textes : *La Nausée, Le Mur, Les Chemins de la liberté, Huis clos, Les Mains sales*.

Citations
« Le bourreau, c'est chacun de nous pour les deux autres. » (*Huis clos*)
« L'enfer, c'est les autres. » (*Huis clos*)
« Plus nous éprouvons notre liberté, plus nous éprouvons celle des autres. » (*Qu'est-ce que la littérature ?*)
« Je reconnais que je suis comme autrui me voit. » (*L'Être et le Néant*)
« Tu colles à moi comme mes dents à mes gencives. » (*La Putain respectueuse*)

LE BOUFFON

Textes : *Les Mots, Le Diable et le bon Dieu, La Nausée, Le Mur, Nekrassov...*

Citations

« Tu es le bouffon. » (*Le Diable et le bon Dieu*)

« On réclamait l'enfant prodige, j'avais donné l'enfant sublime. » (*Les Mots*)

DIEU ET LE CIEL

Textes : *L'Être et le Néant, La Nausée, Les Mouches, Le Mur, Huis clos, Le Diable et le bon Dieu.*

Citations

« Tu es le roi des Dieux, Jupiter, le roi des pierres et des étoiles, le roi des vagues de la mer. Mais tu n'es pas le roi des hommes. » (*Les Mouches*)

« Non, ne levez pas les yeux, le ciel est vide. » (*Le Diable et le bon Dieu*)

L'EXISTENCE

Textes : voir surtout *La Nausée, L'Être et le Néant, Les Mouches, Le Diable et le bon Dieu.*

Citations

« L'existence précède l'essence. » (*L'Être et le Néant*)

« Nous ne *sommes* pas et nous n'*avons* rien. » (*Le Diable et le bon Dieu*)

« [...] la vie humaine commence de l'autre côté du désespoir. » (*Les Mouches*)

« Le monde des explications et des raisons n'est pas celui de l'absurde. » (*La Nausée*)

« L'absurdité, ce n'était pas une idée dans ma tête, ni un souffle de voix, mais ce long serpent à mes pieds, ce serpent de bois. » (*La Nausée*)

« Une vie, c'est une enfance mise à toutes les sauces. » (*L'Idiot de la famille*)

HOMME, HUMANISME

Textes : voir plus particulièrement *L'Être et le Néant, L'Existentialisme est un humanisme, Les Mouches, La Nausée, Les Mains sales, Les Séquestrés d'Altona, Les Chemins de la liberté*.

Citations
« L'homme n'est rien d'autre que ce qu'il se fait. » (*L'Existentialisme est un humanisme*)

« Tout un homme, fait de tous les hommes et qui les vaut tous et que vaut n'importe qui. » (*Les Mots*)

IDÉALISME ET RÉALISME

Textes : *Les Mouches, Les Mains sales, Morts sans sépulture, La Nausée, Le Mur, Situations...*

Citations
« Vous êtes tous les mêmes, vous les réalistes : quand vous ne savez plus que dire, c'est le langage des idéalistes que vous empruntez. » (*Le Diable et le bon Dieu*)

« Je fais une politique de vivant, pour les vivants. » (*Les Mains sales*)

« Tous les moyens sont bons quand ils sont efficaces. » (*Les Mains sales*)

LIBERTÉ

Textes : toutes les œuvres sont concernées, mais plus particulièrement *L'Être et le Néant, Les Mouches, Les Chemins de la liberté, Le Diable et le bon Dieu, Les Séquestrés d'Altona*.

Citations
« Je *suis* ma liberté. » (*Les Mouches*)

« [...] l'homme est condamné à être libre. » (*L'Existentialisme est un humanisme*)

SITUATION

Textes : voir surtout romans et théâtre pour la mise en œuvre des « situations » sartriennes (*La Nausée*, *Le Mur*, *Huis clos*, *Les Mouches*, *Les Mains sales*...).

Citations

« Pour nous, l'homme se caractérise avant tout par le dépassement d'une situation, par ce qu'il parvient à faire de ce qu'on a fait de lui. » (*Critique de la raison dialectique*)

« Un intellectuel qui n'est pas un vrai révolutionnaire, c'est tout juste bon à faire un assassin. » (*Les Mains sales*)

« Un traître qui trahit, c'est un traître qui s'accepte. » (*Le Diable et le bon Dieu*)

Anthologie critique

Michel Contat et Michel Rybalka affirmaient en 1981 qu'une bibliographie complète consacrée à Sartre « comprendrait sans doute douze à quinze mille titres ». C'est dire si l'œuvre et la personnalité de Sartre ont suscité des commentaires abondants. La preuve en est que le Groupe d'Études Sartriennes publie un *Bulletin d'information* qui fait état de toutes les études sur Sartre parues dans l'année.

Les premiers jugements

Dès la parution de *La Nausée*, Sartre fut salué comme un grand écrivain, déjà profondément novateur. En mai 1938, les comptes-rendus respectifs de Armand M. Petitjean et de Paul Nizan affirment que cette première œuvre « annonce un talent énorme », qu'elle est celle d'un « romancier philosophe de premier plan ».

Edmond Jaloux apporte la même caution à l'œuvre : « Sans doute échappe-t-elle aux distinctions habituelles parce qu'elle est profondément originale, qu'elle est neuve et sans écho » (*Les Nouvelles littéraires*).

De même, Marcel Arland, dans *La Nouvelle Revue Française*, en juillet 1938, s'interroge : « Un roman ? Il faudrait plutôt parler d'un essai, d'une satire, d'une méditation philosophique. »

Quant à Camus, dans *Alger républicain* du 20 octobre 1938, il livre un article élogieux, saluant sans réserve « le premier roman d'un auteur dont on peut tout attendre ».

Certes, tous les critiques ne sont pas unanimes. Ce sont déjà les premiers signes de la mise à l'index par les bien-pensants.

Le Mur suscitera des réactions encore plus diverses. Certains, tel André Billy, avouent une admiration sans réserve : « Quels dons magnifiques ! Quelle façon désinvolte et autoritaire de nous plonger dans le flot trouble de la vie […] » (*L'Œuvre*, 26 février 1939).

D'autres sont plus réservés. Ils reprochent à Sartre son parti pris de noirceur (« comparé à lui, le monde de M. Louis-Ferdinand Céline peut sembler presque souriant », écrit Jean-Pierre Maxence en mars 1939) ou « l'extrême hardiesse du ton » (André Thérive). Pour André Rousseaux, Sartre est « un écrivain très fort, dont le défaut le plus grave serait d'abuser de sa force en jetant son lecteur dans des situations trop tendues » (*Le Figaro* du 4 mars 1939).

Quant à Roger Brasillach, son idéologie d'extrême-droite ne peut que condamner l'œuvre de Sartre, même s'il lui reconnaît une certaine valeur. « Faut-il dire que nous sommes partagés entre le dégoût, une invincible envie de rire, et une certaine pitié ? », écrit-il dans *L'Action française* du 13 avril 1939.

Mais certaines voix s'élèvent pour reconnaître la spécificité sartrienne. Ainsi Camus écrit dans *Alger Républicain* du 12 mars 1939 : « Cet univers intense et dramatique, cette peinture à la fois éclatante et sans couleurs, définissent bien l'œuvre de M. Sartre et font sa séduction. »

Rares sont les véritables devanciers. Parmi ceux-ci, Gaëtan Picon s'interroge sur l'identité et le devenir d'une œuvre dont il sent toute l'importance : « L'on est en droit de se demander, en présence de ces deux livres dont il est superflu de redire l'importance, si nous nous trouvons en face du hors-texte littéraire d'une entreprise philosophique déjà capitale, ou bien du prologue d'une œuvre romanesque qui serait, au fond, construite sur une gageure », (*Les Nouvelles Lettres*, mars-avril 1939).

La critique de contestation et d'opposition

C'est surtout à partir de 1945 que la critique peut prendre toute son ampleur, l'œuvre de Sartre s'étant elle-même diversifiée. Mais cette critique n'est pas toujours exempte de ragots.

Dans le moins grave des cas, on caricature Sartre sous les traits d'un personnage plus ou moins décadent qui hante les cafés de Saint-Germain-des-Prés.

Plus grave est la critique qui exprime un clivage d'ordre politique ou idéologique. On rejette violemment ou sournoisement l'existentialisme. Ainsi, après Pierre Emmanuel et Henri Lefebvre, le communiste Jean Kanapa déclare : « L'existentialiste est un animal d'une espèce mimétique : il s'adapte au milieu, en prend la teinte et l'aspect. Mieux, en l'attaquant, il se dissout pour renaître aussitôt sous les traits... de l'attaquant lui-même » (*L'Existentialisme n'est pas un humanisme*, 1948).

L'évolution de Sartre, sa production, son engagement politique et ses prises de position, ne peuvent que favoriser une telle critique. Un reproche sera souvent fait à Sartre, venant aussi bien des marxistes que des catholiques : il incite au désespoir. Mauriac, naturellement opposé à l'athéisme sartrien, déclare dans un article devenu célèbre : « Cet athée ne se console pas de n'avoir pu atteindre ici-bas le royaume de Dieu et sa justice, mais c'est trop peu dire : d'avoir acquis la certitude que pour y parvenir, il n'existe plus de chemin » (*L'Express*, septembre 1960).

La critique universitaire

Très tôt, la critique de type universitaire a procédé à une série d'investigations que stimulait la richesse de l'œuvre. Se débarrassant de préjugés encombrants, cette approche va ouvrir d'autres perspectives.

À Marc Beigbeger qui présentait *L'Homme Sartre* en 1947, succède René-Marill Albérès et son *Jean-Paul Sartre* en 1953. Francis Jeanson, en 1955, propose une intéressante saisie de l'homme et de l'œuvre : « La chance de Sartre, si l'on peut dire, fut d'être très tôt expulsé de lui-même, et indéfiniment contraint, dès lors de se chercher ailleurs qu'en soi » (*Sartre par lui-même*, 1955).

Pour Pierre de Boisdeffre, Sartre a acquis la stature d'un écrivain majeur : « Son influence est celle d'un éducateur puissant, du plus actif *agent de démoralisation* qu'ait connu la France depuis Gide » (*Une histoire vivante de la littérature d'aujourd'hui*).

En 1960, Simone de Beauvoir poursuit ses *Mémoires d'une jeune fille rangée* (1958) avec *La Force de l'âge* où elle retrace l'itinéraire de Sartre jusqu'en 1944. Son approche irremplaçable de témoin privilégié sera complétée par *Tout compte fait* (1972) et *La Cérémonie des adieux* (1981).

Les publications consacrées à une œuvre ou à un aspect précis se multiplient. Georges Poulet, Serge Doubrovsky, Geneviève Idt, Georges Raillard, Michel Contat s'affirment comme les meilleurs spécialistes de Sartre.

En 1970, Michel Contat et Michel Rybalka publient *Les Écrits de Sartre* qui apportent une contribution essentielle à la connaissance de l'homme et de l'œuvre. Les numéros spéciaux de revues proposent des approches multiples qui aident à une perception décloisonnée de l'œuvre et permettent de suivre l'évolution des études sartriennes.

En 1975 Edouard Morot-Sir publie une remarquable étude des *Mots* qui fait vite autorité : « Au lieu de *Poésie et Vérité*, Sartre a écrit *Enfance et Imposture*, mais c'est le même et éternel sujet de l'homme qui se renie en espérant ainsi mériter la grâce des signes. » (Les Mots *de Jean-Paul Sartre*).

En 1981, un an après la mort de Sartre, paraît le volume de « La Pléiade » consacré aux œuvres romanesques. Sa préface propose cette vision libertaire, sous la plume de Michel Contat : « Les romans de Sartre n'en imposent pas, et c'est tant mieux : ils s'imposent à la lecture ou ne s'imposent pas ; ils laissent libre le lecteur, car ils en appellent à la liberté. »

La biographie sartrienne s'éclaire en 1985 grâce au gros livre d'Annie Cohen-Solal, *Sartre, 1905-1980*, qui donne une foule de renseignements et situe l'homme dans son époque, en convoquant de multiples documents et témoignages inédits. Sartre y gagne en profondeur, mais aussi en humanité.

En 1986, Jeannette Colombel, auteur en 1981 de *Sartre ou le parti de vivre*, fait paraître un ambitieux *Jean-Paul Sartre* dont les deux tomes sont une exigeante et sans doute irremplaçable investigation des principales données sartriennes, textes et analyses à l'appui.

Depuis, la critique sartrienne reste très riche et très inventive, comme le prouvent les différents volumes des *Études sartriennes*, publiés depuis 1984. La critique actuelle s'intéresse autant à l'écriture qu'au sens. C'est ainsi que Claude Burgelin affirme en 1986 dans « Lire Sartre aujourd'hui » : « Le mouvement sartrien est de ne jamais s'en tenir à la phrase si ramassée soit-elle. Pratiquant le verbe comme d'autres les arts martiaux, il faut pour lui que les coups pleuvent. Inconcevable serait pour lui une écriture qui s'immobiliserait dans une quelconque complaisance » (*Lectures de Sartre*).

De fait, ce sur quoi insistent nombre de commentateurs d'aujourd'hui, c'est la vitalité de l'œuvre sartrienne, de son écriture comme de sa pensée. Tous s'accordent à reconnaître en lui un contemporain capital.

Recherches et exercices

TRAVAUX DIVERS

Sur l'ensemble de l'œuvre
– Les « salauds » dans l'œuvre de Sartre. Quels en sont les représentants ? Par quoi se caractérisent-ils (attitudes, réactions, langage) ?
– L'engagement : le définir en fonction de ses formes.
– Le thème du regard dans l'œuvre dramatique.
– Le problème de la torture.
– Les grands rôles du théâtre sartrien.
– Le motif du trio.
– La solidarité.
– Le thème de la liberté.
– La représentation de la bourgeoisie.
– La description dans les romans et les nouvelles.
– Le style de Sartre : qu'est-ce qui le caractérise ?
– Les catégories sociales des personnages sartriens.
– Le décor sartrien au théâtre et dans les romans et nouvelles.

Travaux plus limités
– Comparez *Les Mouches* et *Électre* (Giraudoux). Déterminez les écarts entre les deux auteurs.
– Comparez *La Nausée* et *L'Étranger*.
– Identifiez et analysez les éléments parodiques existant dans *La Nausée*.
– Comparez les personnages de Gœtz (*Le Diable et le bon Dieu*) et de Frantz (*Les Séquestrés d'Altona*).
– Analysez l'art de la mise en scène et du dialogue dans la nouvelle « Le Mur ».
– Comparez l'*incipit* de *La Nausée* et celui de *L'Âge de raison*. En quoi sont-ils révélateurs ?

SUJETS DE RÉFLEXION ET DE DEVOIRS

- Dans quelle mesure la plupart des personnages de Sartre posent-ils le problème des rapports entre morale individuelle et morale collective ?
- Le théâtre de Sartre n'est-il qu'une illustration de ses thèses philosophiques ?
- Partagez-vous l'opinion de Pierre de Boisdeffre qui affirme à propos de Sartre : « Son influence est celle d'un éducateur puissant, du plus actif *agent de démoralisation* qu'ait connu la France depuis Gide. » ?
- Gaëtan Picon pense que « Sartre tente de faire jaillir la raison de vivre que nous ne cessons pas d'exiger ». Lui donnez-vous raison ?
- « *La Nausée* est un roman critique sur l'impossibilité du romanesque » peut-on lire dans la Préface aux *Œuvres romanesques* de Sartre (Gallimard, « La Pléiade »). Qu'en pensez-vous ?
- Sartre affirme dans *Qu'est-ce que la littérature ?* : « Il n'y a d'art que pour et par autrui. » Expliquez et commentez cette formule en l'appliquant à l'œuvre de Sartre.
- Comment définiriez-vous l'intérêt et les limites de la littérature engagée ?
- De toutes les œuvres de Sartre que vous avez lues ou étudiées, laquelle vous paraît avoir le plus grand mérite ? Justifiez votre réponse.

COMMENTAIRE COMPOSÉ

On lira avec profit les commentaires composés proposés dans les deux volumes (n° 33 et n° 49) de la collection « Balises Œuvres » consacrés aux *Mouches*, à *Huis clos* et à *La Nausée*.

Le présent commentaire porte sur un extrait des *Mots* (« Folio » n° 24, pp. 211-212) depuis « J'ai changé » jusqu'à « [...] *Nulla dies sine linea.* »

Introduction

Avec *Les Mots*, Jean-Paul Sartre renoue avec la grande tradition autobiographique, à cette différence près qu'il dénonce sa propre névrose à travers le récit de son enfance. Démystifiant la culture, il affirme que l'écriture n'a d'autre mission que d'être le miroir critique des hommes. Faisant le point dans les toutes dernières pages, il livre à son lecteur une autobiographie réaliste de la désillusion qui n'est cependant pas dénuée d'une certaine ambiguïté, due au caractère ambivalent, sinon paradoxal, du passage.

I. Une autobiographie réaliste de la désillusion

Certes, le texte porte les signes les plus évidents du récit autobiographique par la présence abondante du « je » et de tous les signes grammaticaux qui s'y rattachent (« me », « ma », « mes »). Mais il se signale également au lecteur par son écart par rapport au récit habituel du *moi*. En effet, dès le début du texte, l'expression « transparences déformantes » indique tout autre chose qu'un récit rétrospectif conventionnel. Le texte se présente donc plutôt comme une dénonciation, ce que confirmera l'expression « L'illusion rétrospective ». Ainsi la première phrase de l'extrait prend tout son sens. « J'ai changé » annonce bien le but de ce récit autobiographique : prendre la mesure d'un changement.

Il existe d'ailleurs un vocabulaire de la désillusion qui forme un véritable champ sémantique de la lucidité. Les termes et locutions tels que « rongé », « s'est dissous », « en miettes », « se délabre », « en ruine », « désabusé », « errements » en sont l'illustration la plus évidente.

L'usage des temps marque un second écart par rapport au récit autobiographique traditionnel. Si les temps habituels du passé sont utilisés (passé indéfini, imparfait, passé simple), ils sont également associés à des présents et à des futurs. Cela souligne bien l'orientation de cette autobiographie : constat, dénonciation, désillusion. Le « je » qui fait référence au passé en dénonce les impostures, fait de son présent et de son avenir des zones d'incertitude. Il « ne sait plus que faire de sa vie » et se présente comme un « voyageur sans billet ». La désillusion est fort nette. Elle devient même une image très désabusée, sinon absurde à la fin du paragraphe : « nous resterons tête à tête, dans le malaise, jusqu'à Dijon où je sais fort bien que personne ne m'attend. »

Bien loin de se proposer au lecteur comme le récit d'un passé idéalisé, comme la quête d'une vérité retrouvée, le texte de Sartre se distingue par son réalisme, parfaitement en accord avec la lucidité et la désillusion. On note ainsi les références très frappantes aux thèmes de la dissolution (les acides, la chaux vive), de la décomposition ou du délabrement (« en miettes », « se délabre », « en ruine »). Dans ce récit lucide d'« un homme qui s'éveille », le regard se délivre de tout idéalisme. Pour évoquer l'athéisme, Sartre ose une image irrévérencieuse : « j'ai pincé le Saint-Esprit dans les caves et je l'en ai expulsé. »

Toute poésie semble impossible au milieu d'un récit si réaliste qu'il en devient prosaïque. L'écrivain recourt à une ironie qui ne peut que renforcer cet aspect et empêche toute émotion, toute complicité, comme si le style lui-même obéissait à cette désillusion. Faut-il alors penser que cette démystification met à mort l'écriture ? Rien n'est moins sûr.

II. Un texte ambivalent, sinon paradoxal

Il est bien tentant de voir en cet extrait une sorte d'anti-profession de foi de l'autobiographe règlant des comptes avec la culture, sur le mode d'un réalisme ironique et désabusé. Le texte n'est-il pas un jeu de massacre, à certains égards ? On ne peut oublier en effet que Sartre y dénonce « l'illusion rétrospective ». En même temps, ce récit autobiographique s'achève sur une citation latine (« *Nulla dies sine linea* »), signe évident, sinon franchement provocateur, d'une culture toute classique. Mais la citation qui signifie « Pas un jour sans une ligne » renvoie également à une vérité sartrienne. Ainsi le texte obéit-il à une ambiguïté constante, traduite par de nombreuses marques de l'ambivalence.

À l'affirmation « J'ai désinvesti » va s'opposer « mais je n'ai pas défroqué ». L'écrivain qui a affirmé si nettement l'athéisme comme « une entreprise cruelle et de longue haleine » use d'un vocabulaire religieux (« défroqué ») pour dire qu'il n'a pas abandonné l'écriture. Il y a là un bel exemple de profession de foi, sur fond de provocation, pour évoquer le sacerdoce littéraire d'un écrivain athée.

L'écriture, elle aussi, est ambivalente, voire paradoxale. En effet, Sartre paraît écrire le plus platement ou le plus prosaïquement possible, refusant les mirages du style. Cependant on notera que les phrases offrent une remarquable variété, dans leur longueur, allant de trois mots à plusieurs lignes. On peut opposer ainsi la première et la deuxième phrase. Pour le rythme, Sartre use d'une ponctuation abondante et très souple (points, points virgules, virgules, deux points, point d'interrogation, tirets). La phrase est à la fois très structurée et très libre. À des segments courts peuvent succéder des segments beaucoup plus longs, comme si l'écrivain entraînait son lecteur dans les mouvements de sa pensée.

En outre, dans cette autobiographie non conventionnelle, Sartre recourt à la rhétorique et ne répugne pas à se servir d'effets très sûrs, en particulier de l'énumération (« martyr, salut, immortalité ») ou de la gradation (« Je vois clair, je suis désabusé, je connais mes vraies tâches, je mérite sûrement un prix de civisme »). On examinera également de près les quatre segments de l'avant-dernière phrase : une opposition entre les deux premiers (« J'ai désinvesti mais je n'ai pas défroqué »), une affirmation problématique dans le troisième (« j'écris toujours »), une interrogation résignée dans le dernier (« Que faire d'autre ? »). Le lecteur ne peut plus avoir de doute : l'ambivalence du texte est le signe d'une démystification savante.

Conclusion

Si les mythes de la culture sont mis à mal, démystifiés par une autobiographie de la désillusion, l'écriture des *Mots*, telle qu'elle apparaît dans ce passage, est beaucoup plus ambiguë. Mélange hétérogène de prosaïsme et de recherche stylistique, elle révèle sa richesse et sa lucidité. Ainsi, consciente de ses moyens, l'écriture du *moi* refuse surtout d'être une valeur transcendentale ou un salut au sens proustien du terme.

Lexique

Abscons : difficile à comprendre.
Absurde : propre à la condition et à la vie humaine quand elles ne sont justifiées par aucune fin.
Allégorique : caractérise une représentation concrète de l'abstrait.
Altérité : caractère de ce qui est *autre* et opposé au *même*.
Argus : personnage mythologique aux cent yeux, dont cinquante demeuraient toujours ouverts.
Cathartique : propriété de la catharsis, la purgation des passions par leur spectacle, selon Aristote.
Contingence : en philosophie, correspond à ce qui peut se produire. Couramment, c'est la réalité non essentielle.
Dialectique : selon Hegel, principe dynamique de la pensée qui évolue entre deux termes contradictoires. Le troisième mouvement (synthèse) permet de dépasser la contradiction.
Didascalie : le texte théâtral non prononcé par les acteurs, par exemple les indications scéniques.
Distanciation : le fait de mettre à distance le lecteur ou le spectateur pour le prémunir d'une émotion empêchant l'analyse critique.
Empathie - empathique : faculté de s'identifier à quelqu'un.
Engagement : pour Sartre, c'est la nécessité d'agir, car la neutralité n'est pas possible. Par la suite, l'engagement sartrien consistera à mettre ses forces au service d'une cause.
En-soi/pour-soi : l'*en-soi*, c'est la chose ou l'idée dans sa nature propre. Pour Hegel, il représente le réel fermé sur lui-même. Pour Sartre, il s'oppose au *pour-soi* de l'être en devenir, conscience et mobilité tout à la fois.
Facticité : correspond au caractère factice de l'existence, à sa contingence et à son absurdité.
Hybris : démesure et folie du héros dans la tragédie antique.
Manichéen : oppose le bien et le mal comme deux principes fondamentaux.

Monolithe : ce qui est donné comme un seul bloc de belles dimensions.

Névrose : affection consciente, d'ordre affectif et émotionnel, qui ne modifie pas les capacités mentales.

Noématique : en phénoménologie, concerne ce qui est pensé.

Ontologie : partie de la métaphysique qui étudie l'essence de l'être.

Paria : celui qui est rejeté par la société.

Péroraison : discours oratoire, généralement pompeux.

Phénoménologie : démarche philosophique inaugurée par Husserl qui observe et décrit ce qui apparaît, afin d'en saisir les essences. Avant tout, elle est une méthode d'investigation.

Polygraphe : celui qui pratique plusieurs types d'écriture.

Polymorphe : qui se présente sous plusieurs formes.

Polyphonique : caractère de ce qui a plusieurs sons.

Pratico-inerte : pour Sartre, c'est le projet humain fixé, dans des choses, qui fige la *praxis* tout en dépendant d'elle.

Praxis **:** pour les marxistes, ce sont les actions de l'homme, en particulier le travail, qui permettent de transformer la nature, tout en se transformant soi-même.

Prométhée : héros de la mythologie grecque qui avait dérobé aux dieux le secret du feu pour le donner aux hommes.

Prosélyte : celui qui est nouvellement converti à une religion, un parti, une doctrine...

Prospective : recherche qui envisage l'avenir.

Psychose : maladie mentale qui affecte le comportement et dont le sujet n'est pas conscient.

Quiétisme : doctrine mystique affirmant que la paix de l'âme, sinon l'indifférence, est le signe de la perfection de Dieu.

Réification (ou « chosification ») : le fait de transformer en choses inertes.

Reître : guerrier brutal, soudard.

« Salaud » : chez Sartre, tous ceux qui sont victimes de la « mauvaise foi » et s'y complaisent en refusant la vérité.

Situation : pour Sartre, c'est la position de l'homme au milieu du monde lui permettant de vivre et d'agir.

Vaudeville : comédie légère à l'intrigue souvent complexe et qui comporte de nombreux rebondissements.

Viduité : caractère de ce qui est vide.

Vis comica **:** la force comique.

Bibliographie

Éditions de référence
Pour les romans et nouvelles (*La Nausée*, *Le Mur*, *Les Chemins de la liberté*), l'édition de référence irremplaçable est celle de « La Pléiade ». L'appareil critique y est abondant. Préface, notes et appendices sont remarquables. On y trouvera même des inédits.

L'édition courante est la collection « Folio ». On pourra y lire l'essentiel de l'œuvre narrative (y compris *Les Mots*) et dramatique (sauf *Kean* et *Les Troyennes*). On y trouvera également certains essais (*Qu'est-ce que la littérature ?*, *Baudelaire*).

Les ouvrages philosophiques seront consultés en bibliothèque ou au C.D.I., ainsi que les volumes de *Situations*.

Aborder Sartre
L'œuvre de Sartre est trop importante pour qu'un élève ou un étudiant envisage raisonnablement de tout lire. Sans donner de recette, on fera ici quelques suggestions. Pour une première approche de l'œuvre narrative, on privilégiera *La Nausée* et *Le Mur*. On aura une claire introduction à l'œuvre philosophique avec *L'Existentialisme est un humanisme*. On lira également avec profit *Les Mots*. Dans l'œuvre dramatique, on lira prioritairement *Les Mouches* et *Huis clos*, avant d'aborder des pièces plus complexes comme *Le Diable et le bon Dieu* ou *Les Séquestrés d'Altona*.

Quelques approches biographiques
On trouvera ici quelques livres qui conjuguent histoire de l'homme et histoire de l'œuvre. Ils aident à mieux situer la production sartrienne dans son contexte.

Francis JEANSON, *Sartre*, coll. « Écrivains de toujours », Seuil, 1955.

Simone DE BEAUVOIR, *Les Mémoires d'une jeune fille rangée*, Gallimard, 1958. *La Force de l'Âge*, Gallimard, 1960. *La Cérémonie des adieux*, Gallimard, 1981.

Jeannette COLOMBEL, *Sartre ou le parti de vivre*, Grasset, 1981.

Annie COHEN-SOLAL, *Jean-Paul Sartre : 1905-1980*, Gallimard, 1985.

Les approches critiques

Numéros spéciaux de revues (consultation en bibliothèque) :
Le Magazine littéraire n° 55-56, septembre 1971 ; n° 103-104, septembre 1975 ; n° 282, novembre 1990.
Obliques, n° 18-19, 1978 et n° 24-25, 1981.
Libération, édition spéciale, 1980.
La Quinzaine littéraire, avril 1982.

Études critiques :
Michel CONTAT, Michel RYBALKA, *Les Écrits de Sartre*, Gallimard, 1970.
Geneviève IDT, *La Nausée*, « Profil d'une œuvre », Hatier, 1971.
Bernard LECHERBONNIER, *Huis clos*, « Profil d'une œuvre », Hatier, 1972.
Jacques LECARME, *Les critiques de notre temps et Sartre*, Garnier, 1973.
Édouard MOROT-SIR, *Les Mots de Jean-Paul Sartre*, Hachette, 1975.
Jeannette COLOMBEL, *Jean-Paul Sartre*, coll. « Textes et débats » (2 tomes) : *1. Un homme en situations* ; *2. Une œuvre aux mille têtes*, Le Livre de poche, Biblio, 1986.
Mireille CORNUD-PEYRON, *Les Mouches, Huis clos*, « Balises », Nathan, 1991.
Lucien GIRAUDO, *La Nausée*, « Balises », Nathan, 1992.

Ouvrages d'ensemble :
Paul FOUQUIÉ, *L'Existentialisme*, « Que sais-je ? », PUF, 1947.
Michel RAIMOND, *Le Roman depuis la Révolution*, coll. U, Armand Colin, 1985.
Michel CORVIN, *Dictionnaire encyclopédique du théâtre*, Bordas, 1991.

Aubin Imprimeur
LIGUGÉ, POITIERS

Achevé d'imprimer en juin 1994
N° d'édition 10021509 (I) 3 OSB 80°
N° d'impression L 45580
Dépôt légal juin 1994 / Imprimé en France